Ab sofort besser sprechen

– 700+ Techniken & Phrasen –

So verbessern Sie Ihre Ausdrucksweise und erweitern Ihren Wortschatz.

Inkl. Rhetorik-Übungen und Smalltalk-Leitfaden

Sebastian Falkenberg

Inhalt

1. Einleitung

Der Saal bebt, die Zuhörer reißt es von den Stühlen ...

Minutenlang geben sie dem Redner auf der Bühne Standing Ovations. Der Abend war ein voller Erfolg. Man wird in den Medien groß darüber berichten. Die Menschen gehen zufrieden nach Hause. Die Botschaft, die der Redner an sie herantrug, wurde verstanden. Es gibt keine Fragen mehr, die Probleme sind gelöst.

Wie oft haben Sie sich schon gefragt, wie ein Sprecher, ein Redner, ein Politiker, ein Künstler oder eine Person, die Sie kennen oder die Ihnen vielleicht nahesteht, es vermag, anderen Menschen sein Anliegen so deutlich, so prägnant und so überzeugend mitzuteilen? In den meisten Fällen werden Sie es vermutlich als ein besonderes Talent dieser Person quittiert haben. Solche Menschen gibt es halt. Sie haben einfach das Glück, solche Fähigkeiten zu besitzen, haben Sie sich vielleicht gesagt.

Oder aber Sie sind bereits einen Schritt weitergegangen und haben sich nicht mit dieser wenig zufriedenstellenden Feststellung begnügen wollen. Vielleicht sind Sie tiefer in das Thema selbst und den Inhalt von Vortrag oder Rede eingedrungen, haben versucht, ein wenig mehr darüber herauszufinden, mit welchen stilistischen Mitteln der Redner vorging, um den gewünschten Effekt bei seinem Publikum zu erzielen. Dann wird Ihnen sicherlich auch recht schnell aufgefallen sein, dass es eigentlich gar nicht unbedingt eines besonderen Talents bedarf, um eine mitreißende, einprägsame und überzeugende Rede zu halten. Stattdessen gibt es zahlreiche

Hilfsmittel, um die sprachliche Kompetenz eines Menschen zu verbessern, die zudem sehr gut und recht schnell erlernbar sind. Was diese Sprachkompetenz im Einzelnen umfasst, werden Sie in diesem Buch detailliert erfahren, denn am Ende sollen Sie selbst in der Lage sein, die Qualität Ihrer Kommunikationsfähigkeit auf ein neues Niveau zu heben und andere Menschen mit Ihrer verbesserten verbalen und nonverbalen Ausdrucksweise positiv zu beeindrucken.

Kommunikation ist Vernetzung. Wer sich vernetzen will, muss kommunizieren. Daran führt kein Weg vorbei. In der modernen digitalen, multimedialen Welt scheint die Kommunikation tatsächlich zu einem wahren Kinderspiel geworden zu sein: Ein Avatar, ein Mausklick, ein Akronym, ein Like oder ein Emoji und Sie haben Ihren Kommentar zu einem beliebigen Thema abgegeben. Doch führt die fortschreitende technologische Vereinfachung der Kommunikation auch zu ihrer qualitativen Verbesserung? Verstehen sich Menschen also besser, wenn die Kommunikation auf solche Weise reduziert wird?

Es ist zu beobachten, dass eine entgegengesetzte Entwicklung eingesetzt hat, die leider dazu führt, dass viele Menschen eine authentische Kommunikation von Mensch zu Mensch, bei der es um Worte genauso wie um Gesten geht, schlichtweg verlernen. Eine weitverbreitete Konsumenten-Mentalität hindert sie außerdem daran. Was ihnen nicht angeboten wird, nutzen sie auch nicht. Ein Teufelskreis entsteht. Auch wenn die Zahl der Plattformen, auf denen sich der oder die einzelne Person äußern und darstellen kann, täglich zunehmen mag, die Fähigkeit, sich selbst etwas auf kreative Weise zu erarbeiten, daran zu wachsen, seine eigenen Fähigkeiten zu entdecken, sie weiterzuentwickeln, scheint nach und nach verloren zu gehen. Genauso wie die Sprache, als das wohl wichtigste menschliche Kommunikationsmittel, lebt auch eine erfolgreiche Kommunikation von ihrer Vielschichtigkeit, Flexibilität und Spontanität.

Und sie lebt auch von dem, was man im Digitalzeitalter als „Realzeit" bezeichnet, d. h., die Kommunikation findet „direkt" und ohne Verzögerungen statt, wie es beispielsweise im Internet gang und gäbe sind. Das aber bedeutet auch, dass alle Sinne, die der Mensch zur Verfügung hat, gebraucht und eingesetzt werden. Wenn Sie ein Gespräch führen, achten Sie nicht nur auf die Worte, die Ihr Gegenüber äußert. Unbewusst oder bewusst nehmen Sie auch kleinste Körpersignale wahr, die Ihnen bei der Bewertung dessen, was gesagt wird, hilfreich sind. Das ist die so überaus wichtige Körpersprache, die ebenfalls Thema dieses Buches ist.

Die Qualität Ihrer Kommunikation hängt von Ihrer persönlichen Ausdrucksweise ab. Hinter diesem Begriff steht allerdings eine Reihe von verschiedenen Faktoren, mit denen Sie ein Gespräch erfolgreich gestalten und führen können. Das sind erstens die Sprache und das Sprachniveau. Letzteres ergibt sich aus Ihrer Wortwahl. Ist diese eher umgangssprachlich oder bildungssprachlich geprägt oder ist sie vielleicht dazwischen angesiedelt? Sprechen Sie in kurzen Sätzen und vermeiden Nebensätze, oder verwenden Sie eher lange Sätze mit vielen Adjektiven? Setzen Sie zum besseren Verständnis gerne Fremdwörter ein oder nicht? Verlieren Sie sich in überflüssigen Füllwörtern, machen Sie unnötige Pausen oder können Sie das alles vermeiden? Über all diese Faktoren der Kommunikation und Ausdrucksweise werden Sie im Lauf dieses Buches mehr Wissenswertes erfahren.

Ferner gehört die bereits erwähnte Körpersprache zur Ausdrucksweise dazu, aber auch Schlagfertigkeit, persönliche Organisiertheit, geistige Präsenz und Reflexionsfähigkeit sind zu berücksichtigen. Grundsätzlich unverzichtbar sind gewisse psychologische Voraussetzungen, wie Selbstvertrauen, Selbstbewusstsein, Selbstwertgefühl und Einfühlungsvermögen. All diese Dinge wirken miteinander im Verbund und bedingen sich auch gegenseitig. Haben Sie z. B. ein gesundes Selbstvertrauen, dann gelingt es Ihnen auch schneller, sich in einem Gespräch rhetorisch und argumentativ zu behaupten und Ihren Standpunkt anderen Menschen deutlich zu vermitteln. Verfügen Sie über ein hohes Sprachniveau, müssen Sie sich nicht darum sorgen, in bestimmten Situationen und Gesprächen sprachlich den Kürzeren zu ziehen. Haben Sie Vertrauen in das, was Sie sagen, äußert sich das auch direkt in einem positiven Körpergefühl und in einer ebensolchen Körpersprache. Sie sind bei sich selbst und wirken somit authentisch auf andere Menschen.

Aus der Welt der Kunst ist es wohlbekannt, aber es lässt sich auch auf die Ausdrucksweise eines Menschen übertragen: Wer etwas realistisch und plastisch verständlich abbilden will, muss die Dimensionen beachten. Das gilt auch für die Sprachwahl: Die Dimension der Breite kann niemals die Dimension der Tiefe ersetzen. Tatsächlich können Sie das als eine Art „Leitsatz" für die Arbeit an Ihrer Sprach- und Kommunikationskompetenz nutzen. Auf die Kommunikation angewendet bedeutet das mit anderen Worten, dass Ihr Wortschatz zwar so groß wie möglich sein sollte, Ihre Ausdrucksweise im Ganzen aber dabei stimmig, überlegt, durchdacht, präzise und gleichzeitig flexibel sein sollte, um einer Situation immer gerecht werden zu können. Gestalten Sie ein Gespräch Ihrerseits auf diese Weise, werden Sie Erfahrungen einer bewussteren Selbstwahrnehmung machen, aus der sich für Sie weitere Vorteile im beruflichen wie privaten Leben ergeben können. Sie werden sich wohl in Ihrer Haut fühlen, woraus sich eine positive Feedbackschleife ergeben kann, die unter anderem zur Steigerung Ihrer persönlichen Leistungsfähigkeit führt.

Je umfassender Ihre Kenntnisse zu den Teilbereichen sind, die hier bereits angesprochen wurden, desto sicherer werden Sie auch Ihre Gespräche führen können. Dabei liegt ein Hauptfokus auf dem sprachlichen Ausdruck, weshalb eine kurze Betrachtung der Sprache den Anfang machen soll.

2. Was ist Sprache?

Novalis, der berühmte deutsche Dichter und Philosoph der Frühromantik, drückte sich vor über 200 Jahren wie folgt aus:

„Jeder Mensch hat seine eigene Sprache.
Sprache ist Ausdruck des Geistes." (Vgl. 1)

Sprache und Geist oder Bewusstsein haben zwar eine kollektive Basis, gestalten sich aber auch individuell. Was diese kollektive Basis von Sprache betrifft, so zeigt es ein Blick auf die alten, indigenen Kulturen in den verschiedenen Teilen der Welt (Vgl. 2). Die Vorstellungen von Sprache und ihrer Bedeutung sind in diesen Traditionen weitaus kollektiver angelegt als in den intellektuell geprägten philosophischen Denkgebäuden der westlichen Welt. Dort gab und gibt es noch immer die Vorstellung einer Sprache der Natur, von der sich der Mensch im Laufe seiner zivilisatorischen Entwicklung hinfort bewegt hat. Die Sprache der Natur wird in animistischen Kulturen, wie z. B. dem bis heute existenten innerasiatischen Schamanismus, der die Grundlage bestimmter Strömungen innerhalb des modernen Buddhismus darstellt, insbesondere über die Tierwelt kommuniziert. Tiere stehen für die natürliche Ausdrucksweise der Natur. Ihre Sprache ist eine für den Menschen nonverbale und symbolische, für deren Verständnis der Mensch ein bestimmtes Bewusstsein benötigt, das allerdings die Nähe zur Natur als Voraussetzung hat. Ein berühmtes Beispiel für diese Sprache der

Natur ist die altägyptische Kultur, deren zootypische Bildschrift uralte animistische Ursprünge verrät (Vgl. 3).

Während die Sprache der Natur eine kollektive oder archetypische Dimension hat, ist die Sprache, die ein Mensch spricht, immer individuell (Vgl. 4). Sie muss es sein, denn der Mensch geht aus dem Kollektiv der Natur als Individuum hervor. Doch es herrscht seit Anbeginn philosophischen und religiösen Denkens große Uneinigkeit darüber, inwiefern nun das menschliche Bewusstsein ebenfalls aus der Natur hervorgeht, oder andere Ursprünge hat, die eher kosmischer Natur sind.

„Und das Wort ward Fleisch ...“

So lautet ein berühmter Sinnspruch aus dem biblischen Johannes-Evangelium 1:14. Für das Christentum ist die Sprache nicht natürlich, sondern gottgegeben und hat Ursprünge, die nicht in den weltlichen Dimensionen zu suchen und zu finden sind. Obwohl beide Denkansätze stark voneinander abweichen, mögen sie einen gemeinsamen realen Kern haben, der noch zu definieren ist. Die genannte kollektive Dimension der Sprache, die die alten Völker als Sprache der Natur bezeichnen, wird heute auch von sprachwissenschaftlicher Seite her berücksichtigt, wenn es um die Erklärung des großen „Rätsels Sprache“ geht.

Abgesehen von der genetisch vererbten, organisch-biologischen Sprachfähigkeit des Menschen, sprechen Kognitionsbiologen von der Sprache auch als einen natürlichen Instinkt. Auch wenn ein Baby noch nicht über die notwendigen intellektuellen Möglichkeiten verfügt, Gedanken in Sprache umzusetzen, spricht es instinktiv, und zwar, indem es brabbelt und zuerst nur unverständliche Laute von sich gibt (Vgl. 5). Es setzt seinen Sprachinstinkt um, muss seine eigentliche Sprache im grammatikalischen Sinne allerdings erst lernen. Aber auch hier gibt es merkwürdige Unklarheiten. Das betrifft beispielsweise die Muttersprache. Ist seine Muttersprache Teil des natürlichen Instinkts oder seine Veräußerlichung oder wird auch sie in den ersten Lebensjahren eines Menschen durch die enge Nähe zur Mutter und den Eltern quasi erlernt?

Aber auch die Genetik spielt offenbar eine nicht unwichtige Rolle bei der Erlangung der grundsätzlichen Sprachfähigkeit. Aus philosophisch-religiöser Sicht kann sie als ein materieller, also natürlicher Mechanismus beschrieben werden, der die Funktion hat, bestimmte prä-existente Eigenschaften individuell zu strukturieren und auszugestalten. Evolutionsbiologisch betrachtet, gibt es offenbar Gene, die eine besondere Sprachbezogenheit aufweisen (Vgl. 6). Zu nennen wäre FOXP2, ein sogenannter Transkriptionsfaktor, dessen Funktion die Oral-Motorik des Menschen betrifft. Diese dient der eigentlichen Stimmkontrolle beim Sprechen. Evolutionsbiologen konnten feststellen, dass gerade dieser Transkriptionsfaktor, der so eine entscheidende Rolle für die Sprache hat, vor fast einer halben Million Jahre eine richtungsweisende Mutation erfuhr. Wie es zu dieser Mutation kam, ist unklar. Fest scheint aber darum zu stehen, dass auch der Neandertaler, der bis heute eine eher ungeklärte Rolle in der Entstehungsgeschichte der heutigen Menschheit spielt, bereits in der Lage war, eine Sprache zu sprechen.

Obwohl es zahlreiche, unterschiedliche Forschungs- und Denkansätze gibt, was die Ursprünge der Sprache als solche betreffen, ist das für den Menschen vielleicht Selbstverständlichste, was es gibt, mit naturwissenschaftlichen Methoden allein nicht zu erfassen und zu definieren. Viele andere Bereiche spielen offenbar bei der Sprachentwicklung im kollektiven wie individuellen Sinne eine entscheidende Rolle. Insofern können die Vorstellungen aus animistischen Kulturen, die Natur verfüge über eine eigene Sprache, und die modernen kognitionsbiologischen Ansätze sehr gut koexistieren. Das macht Sprache tatsächlich zu etwas Universellem. Und so haben die rätselhafte Bienensprache, die auf einer Reihe chemischer Signale und dem Bienen-Tanz beruht, und die Sprache, die jeder Mensch spricht, in gewisser Hinsicht ein- und denselben Ursprung in der Natur.

Ganz abgesehen von diesen Betrachtungen gibt es eine allgemeingültige Definition für Sprache. Sprache ist der Überbegriff für alle komplexen Kommunikationssysteme. Damit umfasst Sprache alle menschlichen Sprachen, aber auch künstliche Sprachen, wie beispielsweise die Computer- und Programmiersprachen, die primär für die Verarbeitung von Daten entwickelt werden (Vgl. 7). Ferner alle bestehenden Zeichensysteme, die z. B. im Tierreich beobachtet werden, aber auch der Kommunikation dienende Verhaltensweisen. Menschenaffen, wie beispielsweise Schimpansen oder Gorillas, kennen eine Zeichensprache, verständigen sich aber auch über bestimmte, mehr oder weniger festgelegte Verhaltensweisen, die auch der Ausbildung sozialer Strukturen dienen. Kommunikative Verhaltensweisen sind z. B. bei Vögeln zu beobachten. Bestimmte Körperhaltungen und Arten des Flügelschlagens können kommunikativen Zwecken zugeschrieben werden. Weiterhin umfasst die Definition von Sprache auch Symbolsprachen, wie beispielsweise die ägyptischen Hieroglyphen, die zudem zootypische Charakteristika aufweisen. Unter Symbolsprache versteht man der Definition nach aber z. B. auch die formale Sprache der Mathematik und Physik.

Einzelsprachen und Sprachfamilien

Sprache ist vielschichtig. Und überhaupt nur ein Teil von dem, was man als Sprache bezeichnet, besteht aus dem gesprochenen Wort. Wollen Sie Ihre Ausdrucksweise verbessern, dann werden diese anderen Kommunikationsfaktoren eine gewichtige Rolle für Sie spielen. Bereits aus diesem Grund ist eine umfassende Definition von Sprache sehr schwierig vorzunehmen. So muss man sich also oft mit Teildefinitionen begnügen. Das betrifft auch die Kategorisierung bzw. Ein- und Zuordnung von Sprachen.

Jeder Mensch spricht eine Sprache. Das ist seine Muttersprache, eine Einzelsprache, deren Laute er bereits im Mutterleib wahrnimmt. Doch ist eine jede Einzelsprache, die Sie als Muttersprache sprechen oder aber als Fremdsprache erlernen, der Sprachwissenschaft zufolge Teil einer größeren Sprachenordnung. Von der Einzelsprache kommt man zur Sprachfamilie. Eine Sprachfamilie bezeichnet eine Gruppe von Einzelsprachen, die eine gemeinsame Herkunft aufweisen. In diesem Sinne wird sprachwissenschaftlich von einer genetischen Einheit gesprochen, was bedeutet, dass alle Sprachen, die einer Sprachfamilie angehören, auf eine Protosprache zurückzuführen sind. Diese wird auch als Vorgängersprache oder Ursprache bezeichnet. Da bereits Kulturen vor vielen Tausenden von Jahren komplexe Sprachen mit überaus komplizierten grammatikalischen Strukturen hatten und viele der Ursprachen, auf die diese zurückgehen, bis heute im Großen und Ganzen unbekannt geblieben sind, ist die Sprachwissenschaft oft gezwungen, willkürliche Anfangspunkte zu setzen, um Einteilungen vorzunehmen. Das bedeutet allerdings auch, dass es heute so viele Sprachtheorien wie Linguisten gibt.

Was die Sprachwissenschaft des Abendlandes angeht, so benennt diese als eine der ersten genetischen Einheiten, die ihr bekannt ist, die Familie der romanischen Sprachen (Vgl. 8). Als deren Ursprache gilt das Lateinische, die Vorläufersprache der Einzelsprache Italienisch. Neben dieser gehören als bekannteste Sprachen Französisch, Spanisch, Portugiesisch und Rumänisch zur romanischen Sprachfamilie. Die insgesamt 15 Sprachen dieser genetischen Einheit werden heute von etwa 700 Millionen Menschen als Muttersprache gesprochen. Zählt man Nichtmuttersprachler hinzu, erreicht man fast eine Milliarde Sprecher. Doch gehört auch diese Sprachfamilie einem größeren

Sprachverbund an. Die übergeordnete Sprachfamilie sind heute insgesamt 280 gesprochene indogermanische Sprachen. Die indogermanische Ursprache kann heute nur schwer rekonstruiert werden. Man vermutet sie im Bereich des heutigen Zentralasiens und datiert sie auf eine Zeit von etwa 6.000 – 8.000 Jahre v. Chr. Es gibt allerdings auch Linguisten, die der Ansicht sind, dass sich ihre Ursprünge noch weiter, d. h., in eine „mythische" Zeit, zurückverfolgen lassen (Vgl. 9), in der auch beispielsweise die historischen Quellen des rätselhaften Sumerischen vermutet werden, das vor etwa 5.000 Jahren in Südmesopotamien gesprochen wurde.

Je weiter die Sprachwissenschaft zurückgeht, desto verschwommener werden die Sprachverwandtschaften und Sprachenursprünge. So lässt sich eine Ursprache häufig nur anhand einer vergleichenden Sprachwissenschaft, die sich mit den Einzelsprachen einer Sprachfamilie beschäftigt, annähernd rekonstruieren. Die Mehrzahl der heutigen europäischen Sprachen ist indogermanisch. Sie wird auch manchmal als indoeuropäisch bezeichnet.

Außerhalb des Indogermanischen stehen lediglich die sogenannten finno-ugrischen Sprachen Finnisch und Ungarisch, sowie Estnisch und Türkisch. Diese sind zur uralischen Sprachfamilie zugehörig. Türkisch allerdings wird auch zu den Turksprachen gezählt, zu denen auch Turkmenisch, Kasachisch, Kirgisisch, Usbekisch und Aserbaidschanisch gehören. Es gibt Linguisten, die eine Sprachfamilie nach bestimmten Kriterien definieren. Das sind z. B. Lautverschiebungen innerhalb einer Sprachgruppe. Andere Sprachwissenschaftler ziehen morphologische und lexikalische Vergleiche heran, um Sprachfamilien definieren zu können (Vgl. 10).

Aktuell werden die 50 häufigsten Sprachen von fast 80 % der Weltbevölkerung gesprochen. Und insgesamt gibt es heute weit mehr als 6.500 Sprachen, die aktiv verwendet bzw. gesprochen werden. Allerdings geht man davon aus, dass gemäß dem aktuellen Weltatlas der gefährdeten Sprachen, der von der UNESCO herausgegeben wird, etwa die Hälfte davon vom akuten Aussterben bedroht sind (Vgl. 11). Das bedeutet im Umkehrschluss, dass mehr als 6.400 Sprachen von nur 20 % der Menschen auf diesem Planeten gesprochen werden. Die Sprachen der Welt gelten heute offiziell als immaterielles Kulturerbe, d. h., sie genießen einen besonderen internationalen Schutz.

Nachstehend ein Überblick über die größten heute klassifizierten Sprachfamilien der Menschheit:

1. Indogermanische Sprachfamilie

Grundsätzlich wird die indogermanische Sprachfamilie in germanische, keltische, italienische, baltische, slawische und anatolische Sprachen unterteilt. Als die historisch datierbaren Protosprachen dieser Sprachfamilie gelten heute die iranischen und indischen Sprachen.

2. Afroasiatische Sprachfamilie

Früher unter der Bezeichnung „hamito-semitische“ Sprachen geführt, umfasst diese Sprachfamilie heute fast 350 Sprachen, die geografisch gesehen vom Mittelmeer bis nach Äthiopien und dem ostafrikanischen Horn von Afrika und vom Persischen Golf bis hin zum Atlantik gesprochen werden. Ebenfalls zu dieser Sprachfamilie gehörig sind auch das Koptische, aber auch die Sprachen des alten Ägyptens, Babyloniens und Assyriens in Mesopotamien. Zu den wichtigsten Vertretern des semitischen Sprachzweiges gehören Arabisch und Hebräisch.

3. Uralische Sprachfamilie

Diese kleinere Sprachfamilie umfasst nur 20 Sprachen, die geografisch gesehen von Nordeuropa über Russland bis hin nach Sibirien gesprochen werden. Auch Finnisch und Ungarisch, die mit der mongolischen Sprache verwandt sind, werden zu den uralischen Sprachen gezählt. Als Protosprache gilt Proto-Uralisch, von dem man annimmt, es wurde vor mehr als 8.000 Jahren in der heutigen Region des Ural gesprochen, der Europa von Asien trennt.

3. Rätselhafte Kommunikation: Kommunikationsmodelle

Alles ist Kommunikation. Kommunikation ist Leben ...

Die Zellen in Ihrem Körper kommunizieren über neuronale Schaltstellen, das Gehirn kommuniziert mit Ihrem Körper. Und Ihr Körper kommuniziert mit den verschiedenen Schwingungsfeldern, die Ihre Umwelt ausmachen. Das Magnetfeld der Erde kommuniziert mit allen Lebewesen. Vögel beispielsweise richten sich bei ihrer sinnlichen Orientierung nach den Erdmagnetlinien und Sonnenständen. Gehen Sie weiter, erkennen Sie, dass die Planeten, die um die Sonne kreisen, mit dieser energetisch-plasmatisch kommunizieren. Sonnenstürme erreichen regelmäßig die Erde und verursachen Veränderungen in den atmosphärischen Schichten des Planeten. Auch das ist eine Form der Kommunikation, über die allerdings noch sehr wenig bekannt ist. Bei der Frage nach dem Rätsel der Kommunikation kommen Sie vom Kleinen zum Großen und vom Großen zurück ins Kleine, von der Makrowelt in die Mikro- und Nano- und sogar Quantenwelt. Alles kommuniziert miteinander, wobei oft nicht genau definiert ist, ob die Kommunikation nur Lebewesen betrifft. Schon lange ist z. B. bekannt, dass Wasser eine Resonanz mit seiner Umwelt herstellen kann. Die Bildung von Eiskristallen scheint von direkten Umwelteinflüssen abhängig zu sein oder auf diese aktiv zu reagieren (Vgl. 12).

Wenn also Kommunikation definiert werden soll, können in vielen Fällen nur Teilbereiche betrachtet werden. Grundsätzlich bezeichnet der von dem lateinischen Wort „communicatio", „Mitteilung", abgeleitete Begriff der Kommunikation einen Informationsaustausch oder eine Informationsübertragung. Das kann auf unterschiedliche Weise geschehen: nonverbal, verbal und paraverbal.

Unter paraverbaler Kommunikation versteht man eine Mitteilung, die weder auf nonverbaler Körpersprache noch auf gesprochenen Wörtern beruht, sondern auf jenen Sprachkomponenten, die man unter anderem als individuelles Sprechverhalten, Artikulation, individuelle Stimmeigenschaften oder Tonfall bezeichnet. Das bedeutet, dass eine beliebige verbale Aussage je nach Betonung oder Tonhöhe des Sprechenden eine konträre Wirkung beim Empfänger haben kann. Die einfache Aussage „Das haben Sie aber gut gemacht" kann somit sachlich, belustigt oder sogar beleidigend gemeint sein.

Der Informationsaustausch umfasst heute aber auch alle Optionen der computerbasierten Kommunikation. Wobei der Begriff „Information" in diesem Kontext Erkenntnis, Wissen, Erfahrungen, Emotionen und Empathie gleichermaßen beinhaltet. Mit Austausch ist der gegenseitige Prozess des Gebens und Nehmens gemeint, der, wie eingangs angemerkt, auf sehr unterschiedliche Weise ablaufen kann. Spricht man von Informationsübertragung, wird der Faktor materieller oder immaterieller Entfernung hinzugenommen (Vgl. 13). Das bedeutet, dass die Kommunikation, bei der es zu einer Informationsübertragung kommt, Ansichten, Meinungen, Vorstellungen, Gedanken, aber auch Ideologien und Dogmen miteinschließt. Diese verlassen eine Person und treten gewissermaßen in eine andere Person wieder ein. Und obwohl der Anteil des gesprochenen Wortes weit weniger als 10 % einer Kommunikation ausmacht, ist er dennoch von besonderer Gewichtung für die Übertragung eines Informationsgehalts.

Besonders in den letzten Jahrzehnten ist das Interesse an der Erforschung der Kommunikation, ihrer Varianten und Effekte von naturwissenschaftlicher Seite her immer weiter erforscht worden. Nicht zuletzt neue Erkenntnisse aus der Neurobiologie haben dazu verstärkend beigetragen. Das Ziel, das dabei auf die eine oder andere Weise definiert wird, ist es, die zwischenmenschliche Kommunikation zu perfektionieren und das Fehlerpotenzial, welches sie birgt, zu reduzieren.

Doch ist das überhaupt möglich? Und vor allen Dingen: Ist es überhaupt sinnvoll? Sind es doch gerade Fehler, die den Menschen dazu bringen können, etwas über sich selbst zu lernen und sich dadurch auch selbst zu verbessern. Führt dieser Perfektionsdrang, der allenthalben sichtbar ist, nicht nur in eine vorgefertigte Kommunikationswelt, in der letztendlich jeder nur innerhalb bestimmter Parameter agieren kann?

Trotz aller Bemühungen, die Kommunikation zu perfektionieren, gibt es bis heute allerdings keine allumfassende Definition. Das lässt Raum für Kommunikationstheorien und sogenannte Kommunikationsmodelle, von denen die wichtigsten hier vorgestellt werden sollen.

Kommunikationsmodelle haben den Zweck, komplexe Themen und Arbeitsprozesse, bei denen die zwischenmenschliche Kommunikation eine tragende Rolle spielt, zu vereinfachen oder zumindest für alle Beteiligten verständlicher zu machen. Dabei ist der Rahmen immer relativ klein, in dem Prozesse, inhaltliche Zusammenhänge und Kommunikationsebenen anschaulich dargestellt werden. Mit anderen Worten werden komplexe Kommunikationsprozesse auf wesentliche Grundsäulen reduziert. Die nachstehenden Modelle bauen in Teilen aufeinander auf bzw. schließen sich gegenseitig nicht aus (Vgl. 14).

Das Eisbergmodell

Der Eisberg ist bekanntlich ein Sinnbild dafür, dass sein weitaus kleinster Teil über dem Wasserspiegel liegt, also für alle sichtbar ist. In der Kommunikation unterscheidet man immer zwischen dem „Was“ und dem „Wie“. Das „Was“ umfasst den eigentlichen Informationsgehalt dessen, was Sie kommunizieren wollen, aber auch die verbalen Komponenten, die Sie einsetzen, um zu kommunizieren. Das „Wie“ dagegen bezieht sich auf das, was sich unter der Oberfläche einer Kommunikation befindet. Das sind alle nonverbalen und paraverbalen Aspekte. Auf das Sinnbild des Eisbergs bezogen, bedeutet das, dass der weitaus größere Teil eines Gesprächs beispielsweise immer „unterhalb“ des Kommunikationsspiegels, wie man ihn auch nennen kann, abläuft. Das sind etwa 80 % dessen, was Sie kommunizieren. Nur 20 % machen die Spitze des sichtbaren Eisbergs aus. Das ist gewissermaßen die Sachebene.

Alles, was die Beziehungsebene, Emotionen, Gefühle, Vorstellungen, Ansichten, Wünsche, Hoffnungen, aber auch die sinnliche Wahrnehmung betrifft, gehört zu den genannten 80 % der Kommunikation. Diese Ebene ist im Gegensatz zu den darüberliegenden 20 % immer individuell, d. h., sie wird von Ihrem ganz persönlichen „Code“ bestimmt. Dieser Code enthält alle Aspekte Ihrer persönlichen nonverbalen und paraverbalen Kommunikationsweise. Tatsächlich ist das Eisbergmodell nichts Neues für die Psychologie und Kognitionswissenschaft. Es geht in seinen psychologischen Grundzügen auf den berühmten Psychologen Sigmund Freud zurück. Der österreichische Philosoph und Psychologe Paul Watzlawick übertrug diese dann auf seine Kommunikationstheorie. Eines der Hauptaxiome lautet: „Man kann nicht ‚nicht‘ kommunizieren“ (Vgl. 15). Kommunikation findet also immer und überall statt, wie das bereits eingangs kurz erläutert wurde.

Die Ebenen der Kommunikation unterscheiden sich voneinander, stehen aber dennoch in engem Zusammenhang. Wenn diese inneren Zusammenhänge nicht kompatibel sind, entstehen Kommunikationsstörungen. Mögen Sie beispielsweise eine Person persönlich nicht, ist sie Ihnen unsympathisch, dann werden auch die sachbezogenen Kommunikationsebenen davon in irgendeiner Weise betroffen sein. Das kann bedeuten, dass Sie diesen Gesprächspartner anders bewerten als einen Gesprächspartner, der Ihnen menschlich sympathisch ist. Kurzum: Negative Gefühle einer Person gegenüber stören die Sachebene, sodass Aussagen, die getroffen werden, falsch interpretiert werden.

Das Shannon-Weaver-Modell

Dieser auch als Sender-Empfänger-Modell bekannte Ansatz zur Erklärung und Veranschaulichung der menschlichen Kommunikation geht auf die beiden Mathematiker Claude E. Shannon und Warren Weaver zurück, die es bereits in den 40er-Jahren des 20. Jahrhunderts entwickelten. Es ist sehr mechanistisch und mathematisch und wurde ursprünglich entwickelt, um die telefonische Kommunikation zu verbessern und Telefonstörungen zu minimieren. Es wurde später von dem Soziologen Stuart Hall, dem Psychologen Friedman Schulz von Thun und dem bereits genannten Philosophen Paul Watzlawick aufgegriffen und auf die zwischenmenschliche Kommunikation übertragen (Vgl. 16).

Bei dem Sender-Empfänger-Modell geht es im Kern darum, dass ein Sender, mit Person A identisch, eine Nachricht an den Empfänger, mit Person B identisch, übermittelt. Dafür wird die Nachricht von Person A codiert, d. h., im Hinblick auf das Kommunikationsmodell, dass diese umgesetzt wird in Sprache und nonverbale und paraverbale Formen der Kommunikation. Dieser Code wird dann als Signal an Person B gesendet. Um die Mitteilung verstehen zu können, muss diese von dem Empfänger decodiert werden. Reagiert der Empfänger, also Person B, auf das, was Person A übermittelt hat, wird er selbst zum Sender. Erhält Person B nun eine andere Nachricht als die, die Person A eigentlich senden wollte, tritt eine Kommunikationsstörung auf. Die Codes, die die zu übermittelnde Botschaft darstellen, sind auch bei dem 1970 entwickelten Stuart-Hall-Modell wiederzufinden, das ebenfalls Sender und Empfänger nennt.

Der Sender hat einen Gedanken, der sich in der Absicht äußert, sich mitzuteilen. Diese Absicht wird in Worte gekleidet und ausgesprochen. Der Empfänger, also Ihr Gesprächspartner, vernimmt diese Worte und übersetzt sie gemäß seinem Code. Das bedeutet, dass er sie interpretiert, um daraus abzuleiten, welche Absicht der Sender hat. Die Reaktion des Empfängers macht dem Sender klar, ob dieser die Nachricht verstanden hat oder nicht. An dieses Grundschema nun lassen sich weitere Ebenen der Kommunikation koppeln.

Das Vier-Seiten-Modell

Dieses Kommunikationsmodell ist ebenfalls sehr bekannt. Es wird auch synonymisch als 4-Ohren-Modell oder Nachrichtenquadrat bezeichnet. Entwickelt wurde es von dem deutschen Kommunikationspsychologen Friedemann Schulz von Thun (Vgl. 17), der sich bei der Konzeption auch auf die Kommunikationstheorien von Paul Watzlawick bezog.

Der Ausgangspunkt des Nachrichtenquadrats ist, dass alle Kommunikationsstörungen auf ein inkompatibles Verhältnis der verschiedenen Kommunikationsebenen zurückzuführen sind. Das sind also z. B. Verschiebungen zwischen der Sachebene und der Emotionsebene. Bezogen auf das Nachrichtenquadrat bedeutet das, dass Sender und Empfänger jeweils eine andere Seite oder andere Seiten des Quadrats priorisieren.

Dieses Kommunikationsmodell nimmt an, dass eine jede Mitteilung, die von Person A an Person B gesendet wird, vier verschiedene Ebenen hat: Faktischer Inhalt, Selbstkundgabe und Beziehung, sowie Appell. Diese vier Charakteristika machen mit anderen Worten diesem Modell zufolge jede Nachricht aus, sind aber immer je nach Absicht des Senders unterschiedlich gewichtet:

1. Faktischer Inhalt oder Sachinhalt

„Was" Sie einer Person sagen wollen. Das betrifft alle Fakten und Daten, die eine Nachricht enthält, und die deutlich dargelegt werden.

2. Selbstkundgabe

„Was" Sie von sich selbst einer anderen Person mitteilen wollen. Diese Seite des Nachrichtenquadrats betrifft Ihre Gefühle, aber auch die Dimensionen Ihrer eigenen Persönlichkeit, die auch Vorstellungen, Wünsche und Bedürfnisse umfassen.

3. Beziehung

„Wie" Sie die andere Person bewerten, einschätzen und „wie" Sie zu ihr stehen. Das betrifft auch negative Ansichten zu einer Person, sowie Gefühle der Abneigung oder Ablehnung. Mitbetroffen sind paraverbale Aspekte und die Körpersprache, die das positive oder negative Verhältnis zum Gesprächspartner offenbaren.

4. Appell

„Was" Sie von der anderen Person wollen. Das betrifft direkte Aufforderungen, Wünsche und Handlungsempfehlungen, die proaktiv an eine Person gerichtet werden, oder auch indirekte, nicht offensichtliche Anregungen.

Die Bezeichnung Vier-Ohren-Modell erklärt sich damit, dass der Empfänger eine Nachricht hört, wobei jede der vier Ebenen mit einem Ohr interpretiert wird (Vgl. 18). Nachstehend ein Beispiel, wie sich das Vier-Seiten-Modell in der Praxis umsetzen lässt:

Sie kommen nach einem schweren Arbeitstag im Büro abends nach Hause und Frau oder Freundin fragt Sie bei der Begrüßung, wie Ihr Tag gewesen ist.

Sender	Partnerin
Empfänger	Mann
Faktischer Inhalt	Die Frage nach der Befindlichkeit.
Selbstkundgabe	Ihre Partnerin ist aufmerksam, ist gefühlsmäßig involviert und persönlich an den Ereignissen des Tages interessiert.
Beziehung	Das Verhältnis zwischen Ihnen und Ihrer Partnerin ist gut. Es existieren keine Kommunikationstabus, denn Ihre Partnerin fragt ganz offen nach Ihrem Arbeitstag.
Appell	Ihre Partnerin wünscht sich weiterhin eine offene, ehrliche Beziehung.

Das Transaktionsanalyse-Modell

Das letzte hier vorgestellte Kommunikationsmodell wurde von dem US-Psychologen Eric Berne bereits in den 1960er-Jahren entwickelt. Es unterscheidet drei Zustände bzw. drei Ich-heiten des menschlichen Kommunikationsverhaltens: Das Eltern-Ich, das Erwachsenen-Ich und das Kind-Ich.

Kommunikationsverhaltensweisen, die dem Eltern-Ich eines Menschen zuzuordnen sind, betreffen z. B. das Umsorgen, Korrigieren und Zurechtweisen anderer Menschen. Das Erwachsenen-

Ich zeichnet sich durch rationales Verhalten, reflektierte sachlich oder fachlich korrekte Kommunikationsweisen aus, während sich das Kind-Ich durch spontanes, undurchdachtes, verspieltes oder albernes Verhalten geprägt ist (Vgl. 19).

In der Realität aber sind diese Ich-heiten nicht streng voneinander getrennt, sondern gehen ineinander über. Mit anderen Worten wechseln die Menschen zwischen diesen drei Ich-Zuständen hin und her. Welcher dieser Zustände in einem Gespräch z. B. dominant ist, hängt von der Sozialisierung, aber auch von persönlichen Erfahrungen ab. Natürlich spielt auch hier die Gefühlswelt eine Hauptrolle. Berühren sich die Ich-Zustände von zwei Gesprächspartnern, führt das zu einer kommunikativen Grundharmonie. Der eine versteht den anderen, die „Chemie" stimmt.

Treffen aber zwei Ich-Zustände aufeinander, die nicht kompatibel sind, treten Probleme auf. So lassen sich Verhaltensweisen, die für das Eltern-Ich bekannt sind, nicht mit denen des Kind-Ichs in Einklang bringen. Ein gemeinsamer Kommunikationsnenner kann nur dann erreicht werden, wenn die Ich-Zustände bewusst hinterfragt werden. Sie können mithilfe des Transaktionsanalyse-Modells Ihr eigenes Verhalten sehr gut überprüfen und notfalls verbessern. Wird Ihnen beispielsweise im Berufsleben vorgeworfen, Sie würden Ihre Mitarbeiter oder Arbeitskollegen oft bevormunden wollen, agieren Sie auf der Grundlage des Eltern-Ichs. Wird Ihnen zur Last gelegt, Sie seien nie mit vollem Ernst bei der Sache, kann das ein Hinweis dafür sein, dass Sie sich mit dem Kind-Ich identifizieren.

Sprache ist das Medium des Denkens. Gedanken werden in Worte umgesetzt und diese geäußert. Für den Menschen hat Sprache eine kommunikative Funktion, die den Schlüssel zum Verständnis seiner Umwelt darstellt, ihm aber auch ermöglicht, mit anderen Menschen in eine zwischenmenschliche Beziehung einzutreten. In neuerer Zeit wird jedoch der Begriff „Medium" gerne durch „Instrument" ersetzt, was einen sehr mechanistischen Denkansatz verrät. Noch abstrakter ausgedrückt ist Sprache eine neutrale Bedingung zur Ermöglichung einer Kommunikation. Eine derartige Auffassung sieht Sprache nur als ein Tool zur Übermittlung mentaler Konzepte. Unabhängig von diesen Konzepten selbst wird diesen Theorien zufolge Sprache zu einem bloßen Repräsentationsmittel degradiert.

Das ist zu kurz gedacht, lässt viel aus und widerspricht ganzheitlichen Vorstellungen von Sprache und Bewusstsein, die ebenfalls zu berücksichtigen sind. Sprache ist mehr als nur die Summe der Faktoren, die ihr zugeschrieben werden, genauso wie der Mensch mehr ist als die Summe seiner Organe. Werfen Neurobiologen einen Blick in das Gehirn, dann kann zwar die organische Schaltzentrale der Sprache ausgemacht werden, dennoch aber bleiben viele Rätsel, die bis heute ungeklärt sind.

4. Sprache und Bewusstsein

Was ist die Grundvoraussetzung dafür, dass Sie sprechen können?

Sprache, ob gesprochen oder geschrieben, sei das „Medium des Denkens“. Dieser Ansicht war der deutsche Gelehrte, Sprachwissenschaftler und Philosoph Wilhelm von Humboldt im 18. und 19. Jahrhundert. Er ging davon aus, dass Sprache die unverzichtbare Grundlage für komplexes Denken und Tätigkeiten aller Art sei. Doch damit steht er heute im Widerspruch zu so manch moderner Sprachtheorie, in der davon ausgegangen wird, dass Sprache ein bloßes Verständigungsmittel ist, welches evolutionär bedingt erst „nachträglich“ entstanden ist. Mit anderen Worten lebt der Mensch nach Humboldt nicht in einer Welt, die er „erst“ durch seine Sinne und „dann“ erst durch seine Sprache erfasst (Vgl. 20). Vielmehr ist seine Welt eine Welt der Sprache, ist Sprache die a priori Ordnungsinstanz des Bewusstseins, wäre die Welt ohne Sprache gar nicht existent. Er lebt in und mit der Sprache. Diese Ansicht hat ihre Ursprünge in der christlichen Vorstellung, dass die Welt als Offenbarung Gottes mit dem Wort identisch ist. Ohne Wort keine Welt, und keine Welt ohne das Wort. Beide sind eins, obwohl sie in der materiellen Welt als voneinander abgespalten erscheinen.

Kognitionsbiologen dagegen zerlegen Sprache heute in analysierbare Teilbereiche, worin sich die allgemeine Tendenz der modernen Naturwissenschaften widerspiegelt, die Sachfragen möglichst aus ihrem umfassenden Kontext zu lösen und als Einzeldisziplinen zu definieren. Eine Theorie, die daraus entstanden ist, wird z. B. „Theory of Mind“ genannt (Vgl. 21). Darunter versteht man theoretische Ansätze innerhalb der modernen Psychologie, nach denen Sprache das notwendige Mittel zum Austausch von Gedanken darstellt und damit als die Grundlage zur Bildung menschlicher Kulturen unverzichtbar ist. Jedoch ist Sprache nicht, wie Humboldt es verstand, „vor“ diesem Austausch bereits vorhanden, sondern entsteht „wegen“ dieses Austausches oder im Prozess der Kommunikation selbst, kann also als ein Produkt der Kommunikation angesehen werden.

Ohne Sprache geht es nicht. Sprache ist der Mittler zwischen der Welt des Bewusstseins, welches sich durch Gedanken äußert und veräußert, und der materiellen Welt. Neurobiologisch gesehen, gibt es im Wesentlichen zwei Hirnregionen, die für Sprache zuständig sind. Das ist zum einen das sogenannte Broca-Areal, welches sich im linken Stirnlappen befindet. Die Aktivität dieses Hirnareals befähigt Sie, einen gegebenen Satz nach grammatikalischen Regeln zu bilden. Das Broca-Areal ist auch für das Syntax-Verständnis verantwortlich.

Die zweite Hirnregion, das Wernicke-Areal, welches im linken Temporallappen lokalisiert wird, hat eine semantische Funktion und dient zudem als Speicher für Lautinformationen. Das bedeutet, es ist dafür zuständig, dass Sie Sätze und Wörter ihrer Bedeutung nach verarbeiten können. Anders als das Broca-Areal wird das Wernicke-Areal bereits von Kleinkindern genutzt, die erste Wörter lernen und im Gehirn speichern. Nach sechs Monaten bereits können Kleinkinder Begriffe auch den Gegenständen zuordnen, die mit ihnen angezeigt werden. Ein Dreijähriger dagegen ist in der Lage, dank des Wernicke-Areals, einfach strukturierte und kurze Sätze zu verstehen. Um jedoch komplexe Sätze verstehen zu können, ist das Broca-Areal notwendig, welches bei Kindern erst im Alter von sechs Jahren voll aktiviert ist. Während der Satz „Die

Katze fängt die Maus" zu verstehen ist, kann allerdings ein Satz wie „Die Maus fängt die Katze" erst von zehnjährigen Kindern verstanden werden. Erst wenn mit anderen Worten beide genannten Sprachzentren durch dicke Nervenbündel miteinander verknüpft sind, können auch komplexe Sinnzusammenhänge erfasst und eigenständig ausgedrückt werden (Vgl. 22).

Neueste Forschungen zeigen aber auch, dass nicht nur die beiden genannten Hirnareale für Sprache, Artikulation und Lautbildung wichtig sind. Auch den sogenannten grauen Zellen, der grauen Hirnsubstanz der Großhirnrinde, werden Funktionen zugeschrieben, die für Sprache und Sprechen unverzichtbar sind: Hören und Sehen. Die sogenannte „weiße" Substanz des Gehirns dagegen, die sich in seinem Inneren befindet und die aus Nervenfasern besteht, dient der Informationsübertragung zwischen den verschiedenen Hirnarealen, leistet so also auch ihren notwendigen Beitrag zur Sprache (Vgl. 23).

Da zur Verbesserung Ihrer eigenen Ausdrucksweise im weiteren Verlauf auch das Thema „Fremdsprachen" angesprochen wird, ist es wichtig, zu betonen, dass das Erlernen einer Sprache, die nicht mit der Muttersprache identisch ist, das Gehirn nachhaltig verändert. Erlernen Sie eine neue Sprache, wird zuerst das Wernicke-Areal im linken Schläfenlappen aktiv. Und zwar immer dann, wenn Sie versuchen, Fremdwörter anhand der Gestik und Mimik des Sprechenden zu verstehen. Auf diese Weise werden in Ihrem Gehirn neue Wörter abgespeichert. Sobald Sie allerdings einen gewissen Grundwortschatz beherrschen und auch nicht mehr auf den Sichtkontakt mit Fremdsprachlern angewiesen sind, setzt ein weiterer Prozess ein. Das Broca-Areal wird aktiviert, wenn Sie damit beginnen, sich bewusst mit der Grammatik der jeweiligen Fremdsprache zu beschäftigen, und diese erlernen. Wachsen Sie z. B. zweisprachig auf, wird das Gehirn besonders trainiert, denn die genannten Prozesse laufen für zwei Sprachen parallel ab.

Bei Sprachstudien, die am Max-Planck-Institut für Kognitions- und Neurowissenschaften durchgeführt wurden, bekamen Japaner, Franzosen und Menschen anderer Nationalitäten deutsche Sätze vorgespielt, die grammatikalische Fehler beinhalteten. Während sich beim Vorspielen bei den deutschen Muttersprachlern augenblicklich das Broca-Areal einschaltete, benötigten die Nichtmuttersprachler, die dabei waren, Deutsch zu lernen, viel länger, um auf die Fehler aufmerksam zu werden. Je fortgeschrittener die Deutschkenntnisse jedoch waren, desto schneller wurde das Broca-Areal auch bei ihnen alarmiert. Diese und ähnliche Studien zeigen, dass Sie auch als Erwachsener rein theoretisch in der Lage sind, eine Fremdsprache nahezu perfekt wie ein Muttersprachler zu erlernen (Vgl. 24).

Der bewusste Umgang mit Sprachen, Ihrer Muttersprache und erlernter Fremdsprachen, hat positive Auswirkungen auf das Gehirn. Die Neurobiologie steht dabei noch am Anfang, aber die Erkenntnisse mehren sich. Ständiges Sprachtraining und Mehrsprachigkeit erleichtern es dem Gehirn, auch bei anderen Aufgaben zwischen Themenkomplexen und Problemstellungen hin und her zu wechseln. Außerdem wird die allgemeine Konzentrationsfähigkeit erheblich gefördert, d. h., Sie sind in der Lage, Ablenkungen und Störungen viel leichter auszublenden als andere Menschen. Kurzum: Ihr Denkvermögen wird gesteigert.

Aber auch ältere und alte Menschen, die über die Fähigkeit der Mehrsprachigkeit verfügen, haben Vorteile: Man konnte feststellen, dass Abbauprozesse im Gehirn bei Menschen, die Fremdsprachen sprechen, langsamer vonstattengehen als bei anderen. Mehrsprachlich agile Menschen können damit sogar mögliche Demenzerkrankungen mehrere Jahre hinauszögern. Offenbar sind derart trainierte Gehirne vor einem rapiden Verfall der zerebralen Fähigkeiten besser geschützt.

Wenn Sie Ihre Ausdrucksweise verbessern wollen, ist das Erlernen einer Fremdsprache eine der besten Optionen, die Sie haben. Und eigentlich ist alles, was Sie dafür brauchen, nur die richtige innere Einstellung, das Mindset, wie man es auch nennt, über das Sie im folgenden Kapitel mehr Wissenswertes erfahren werden.

5. Der Mindset-Faktor: Positives Selbstbild

Haben Sie sich auch schon einmal die Frage gestellt, warum manche Menschen etwas schneller lernen können als andere? In vielen Fällen wird von Talent gesprochen, welches man haben kann oder nicht. Aber nicht immer ist es das persönliche Talent eines Menschen, das für den Lernerfolg verantwortlich ist.

Jedes Auto benötigt bekanntlich einen Antrieb, um sich fortbewegen zu können. Jeder Mensch eine Motivation, um sich fortzubilden oder die eigenen Potenziale zu entdecken und zu kultivieren. Das gilt auch dann, wenn Sie aus privaten oder beruflichen Gründen Ihre Ausdrucksweise verbessern wollen. Vielleicht ist es Ihnen selbst schon einmal passiert. Sie lesen eine Tageszeitung und stoßen immer wieder auf Begriffe, deren Bedeutung Sie zwar dem Kontext entnehmen können, die Sie aber als solche nicht kennen. Viele Menschen überlesen solche Begriffe, was das Verstehen einer Lektüre allerdings sehr unvollständig werden lässt. Sie begnügen sich dann häufig mit dem Gedanken, dass es ja viele Wörter geben würde und man nicht alle kennen könne. Vielleicht schaut der eine oder andere einmal in einem Wörterbuch nach, um beim nächsten Mal informiert zu sein. Oder aber man vergisst die Begriffe, die man nachschlägt, wieder und legitimiert sich damit, dass man ja nur immer wissen müsste, wo man nachschlagen muss, wenn man etwas suchen würde. Es muss nicht weiter betont werden, dass ein solches Verhalten kontraproduktiv ist, wenn es darum geht, die persönliche Ausdrucksweise zu verbessern. Das

Gegenteil soll der Fall sein. Jedes Wort, jeder Fachbegriff, auf den Sie stoßen und den Sie nicht kennen, muss von Ihnen aufgesogen werden wie von einem Schwamm. Ihr Gehirn ist dazu befähigt. Doch tun Sie es auch?

Dass man niemals alles wissen kann, sollte kein Grund dafür sein, nicht mehr wissen zu wollen. Voraussetzung für alles Tun ist immer die Motivation. Manche Menschen, von denen gesagt wird, sie würden eine schnelle Auffassungsgabe haben, haben die Motivation in sich entdeckt, den persönlichen Wissenshorizont zu erweitern. Andere werden aus beruflichen Gründen dazu angehalten, Ihre Ausdrucksweise und damit auch Ihre gesellschaftliche Präsenz zu verbessern. Die Gründe sind vielfältig, die Grundvoraussetzung für erfolgreiches Handeln dagegen immer dieselbe. Es geht um die innere Einstellung zu dem, was Sie tun, um Ihr Mindset.

Wer anführt, es ginge ja nur darum, Wörter zu lernen, irrt. Die Ausdrucksfähigkeit eines Menschen ist mehr als nur die Sprache, die Wortwahl, die Eloquenz, der Tonfall, die Artikulation. Sie umfasst auch die Körpersprache, die von den Menschen in der Regel nur unbewusst wahrgenommen wird. Doch das schmälert nicht ihren Stellenwert beim Kommunizieren mit anderen Menschen. Ganz im Gegenteil. Signale, die Menschen unbewusst aufnehmen, haben eine tiefer reichende Wirkung als bewusst aufgenommene Signale, welche z. B. durch die Sprache erfolgen.

Doch der perfekt vorbereitete und wortgewaltigste Redner wird erheblich an Wirkung bei seinen Zuhörern einbüßen, wenn nicht seine äußere Erscheinung, seine Bewegungen, seine Gestik und Mimik zu dem passen, was er verbal mitteilen will. Diese äußere Erscheinung muss immer positiv auf das Gegenüber wirken. Ein positives Auftreten, welches zudem Selbstsicherheit und Autorität verrät, ist abhängig von Ihrem Selbstbild (Vgl. 25). Verfügen

Sie über ein gesundes Selbstvertrauen, haben Sie ein ebensolches Selbstwertgefühl, übertragen Sie das auch auf die Art und Weise, wie Sie sich verbal ausdrücken. So können die verbalen, nonverbalen und paraverbalen Faktoren der Kommunikation eine Einheit bilden. Die Menschen, mit denen Sie kommunizieren, lernen Sie als eine authentische Person kennen, schätzen und vielleicht auch lieben. Jede Motivation, die Sie zur Verbesserung Ihrer Ausdrucksweise haben können, wird von Ihrem positiven Selbstbild gespeist.

Wie können Sie Vertrauen zu sich selbst fassen, und zwar jenes Vertrauen in Ihre eigenen Fähigkeiten, welches Sie brauchen, um Ihre Ausdrucksweise zu verbessern?

Machen Sie sich zuerst bewusst, dass Sie nicht der Erste sind, der sich die Frage nach dem Selbstbild stellt. Die Frage hat philosophische Dimensionen und wurde schon von dem berühmten römischen Dichter Cicero gestellt. Sein Sinnspruch „Nosce te ipsum" bzw. „Erkenne Dich selbst" ging um die Welt (Vgl. 26).

Psychologisch betrachtet besteht das Selbstbild in der Vorstellung, die Sie selbst von Ihrer Person haben. Bei der Entwicklung des Selbstbildes spielt auch die eigene Kindheit eine wichtige Rolle. Wenn man Ihnen in Ihrer Kindheit beispielsweise oft vorhielt, Sie wären nicht sprachbegabt oder könnten schlecht lernen, kann sich das im späteren Erwachsenen- und Berufsleben negativ niederschlagen. Wurden Sie mehr getadelt als gelobt, kann es schnell passieren, dass Sie Ihren eigenen Fähigkeiten nicht vertrauen und nie den Mut gehabt haben, sich selbst herauszufordern bzw. sich zu verändern, Ihren Horizont zu erweitern. Solche Menschen bleiben oft ihr ganzes Leben lang ein Mauerblümchen, was auch ihrer nonverbalen Kommunikation anzusehen ist. Das Selbstbild entsteht somit primär aus Ihrer Selbstwahrnehmung heraus.

Doch leider ist das nicht alles, was es zu berücksichtigen gilt. Denn es gibt noch das Fremdbild, das dem entspricht, wie Sie von Ihren Mitmenschen gesehen, verstanden oder missverstanden werden. In der Realität leben viele Menschen nicht ihr Selbstbild, sondern richten sich nach dem Fremdbild bzw. wollen diesem in allem, was sie tun und sagen, entsprechen. Jeder Mensch hat Idealvorstellungen von sich selbst. In den meisten Fällen allerdings sind diese so weit von der Realität entfernt, dass das Selbstbild darunter leidet (Vgl. 27).

Glück haben jene, deren Selbstbild auch mit dem Idealbild, welches sie von sich haben, übereinstimmt oder nahezu deckungsgleich ist. Das sind dann oft jene Menschen, die keine Talente benötigen, um z. B. eine Sprache erlernen zu können. Ihr Idealbild mag Zielorientiertheit, Leistungsfähigkeit und Aufnahmefähigkeit als primäre Aspekte haben, sodass ihre tägliche Motivation, sich zu optimieren, genau aus diesen Leitbegriffen genährt wird. Sie sind der Taktgeber ihres Lebens, Handelns und Wollens.

Bei nicht wenigen Menschen allerdings spielt das Fremdbild hinein, welches in der Kindheit bereits gebildet wurde. Wie vielen Kindern wird in der Schule vorgehalten, sie wären unfähig, dies oder das zu lernen, und wie viele von genau diesen Kindern fallen dann bei den Prüfungen wirklich durch? Es sind nicht wenige, deren Verhalten fremdbeeinflusst ist. Ist Ihnen so etwas häufiger widerfahren, dann kann es sein, dass Sie als Erwachsener oft vor unerklärlichen Motivationsproblemen stehen und sich beispielsweise sagen, es habe keinen Sinn, dieses oder jenes zu tun, anzufangen oder zu Ende zu bringen. Gerade solche negativen Leitsätze, die sich leider schneller aneignen als positive, können verhindern, dass Sie sich motiviert aufmachen, Ihre persönliche Ausdrucksweise zu verbessern.

Es gibt allerdings Möglichkeiten, sich bewusst mit dem Selbstbild zu beschäftigen, zu seinem authentischen Wesen vorzudringen und fremdbildhafte Leitsätze abzulegen. Wenn Sie wissen, wo Sie stehen, wissen Sie auch, wohin Sie gehen können. Das ist wichtig für die Selbsteinschätzung, die für die richtige Ausdrucksweise überaus wichtig ist. Oft gibt es Menschen, die zwar wortgewandt sind und mit bildungssprachlichen Begriffen glänzen können, die aber höchst bemerkbare Defizite aufweisen, wenn es um die wichtigen nonverbalen und paraverbalen Aspekte der Kommunikation geht, und die bekanntlich sogar den größeren Teil des Eisbergs ausmachen. Sind Sie sich hinsichtlich Ihres Selbstbildes und Selbstvertrauens unsicher, können Sie folgende Fragen an sich selbst richten, um diese so ehrlich wie möglich zu beantworten. Nehmen Sie sich also Stift und ein Blatt Papier zur Hand und notieren Sie alle Gedanken, die Ihnen kommen, wenn Sie sich die folgenden Fragen stellen (Vgl. 28):

- Wie sehe ich mich privat?
- Wie sehe ich mich beruflich?
- Entspricht meine Sichtweise meinem Idealbild, welches ich von mir habe?
- Was denke ich über mich selbst?
- Welcher Typus Mensch bin ich?
- Welche Talente besitze ich?
- Was kann ich besonders gut, wo habe ich eine besondere Expertise?
- Wie wirke ich auf Menschen, die ich kenne?
- Wie wirke ich auf Menschen, die ich nicht kenne?
- Wie verhalten sich diese Menschen mir gegenüber?
- Wo sehe ich für mich persönliche Herausforderungen im privaten und beruflichen Leben?

Lassen Sie nichts weg, was Ihnen bei der Beantwortung dieser Fragen einfällt. Auch Nebensächlichkeiten können von Belang sein.

Wenn es um Ihr positives Selbstbild und um Ihr Selbstvertrauen geht, zählt alles. Besonders geht es darum, versteckte negative Leitsätze ausfindig zu machen, die Ihr Selbstwertgefühl beschädigen. Schreiben Sie darum alles genau auf und beginnen Sie jeden Satz mit „Ich will ... „, „Ich kann ...“, „Ich muss ...“, „Ich bin ...“ Geben Sie zudem allen Leitsätzen einen Namen und notieren Sie, wo sie herstammen. Sollten Sie es nicht wissen, zögen Sie nicht, Eltern, Freunde oder Bekannte zu fragen. Es geht darum, sich dann auf jene Bereiche zu fokussieren, die Ihnen Schwierigkeiten bereiten und von denen Sie der Ansicht sind, sie gehören nicht zu Ihrem eigenen Selbst- oder Idealbild.

Haben Sie die negativen Leitsätze identifiziert und sind Sie sich insgesamt klarer über die Bedeutung Ihres Selbstbildes und Mindsets geworden, dann können Sie sich, wenn es notwendig sein sollte, einige weitere Fragen stellen, um die Selbstreflexion, die Sie betreiben, noch zu vertiefen:

- Wie stehe ich zu den Bereichen meines Lebens, in denen es nicht so läuft, wie ich es mir erhoffe?
- Wie würde meine Idealsituation aussehen, die auch meinem Idealbild entspräche?
- Warum bin ich zu diesen Bereichen meines Lebens negativ eingestellt? Was wäre notwendig, damit ich diese Bereiche positiv bewerten würde?
- Warum bin ich der Ansicht, dass ich für diesen oder jenen Lebensbereich oder für diese oder jene Aufgabe nicht ausreichend Kenntnisse mitbringe?
- Bin ich der Ansicht, dass ich im Falle eines Erfolgs im Privatleben oder im Beruf diesen auch verdiene?

Anschließend können Sie eine Überprüfung durchführen, d. h., Sie machen einen Realitätscheck und sprechen mit Familienmitgliedern, Partnerin oder Partner, Freunden und Berufskollegen über die Antworten, die Sie sich selbst gegeben haben. Gleichen Sie die Aussagen, die Sie bekommen, dann mit Ihren Antworten ab und finden Sie heraus, wo beides nicht deckungsgleich ist. Sie sollten aber auch nicht darauf verzichten, Freunde ganz ehrlich nach Ihrer Ausdrucksweise zu fragen. Sind diese der Ansicht, dass Sie immer die richtigen Worte wählen, den richtigen Tonfall? Kommt es beispielsweise häufiger vor, dass Sie und Ihre Gesprächspartner aneinander vorbeireden? Hat es in der Vergangenheit Konflikte und Probleme gegeben, die auf Ihre Ausdrucksweise, Körpersprache, etc. zurückzuführen sind? Die Analyse sollte so konkret wie möglich sein, damit Sie genau herausfinden können, wo es Defizite gibt, die Sie durch eine Verbesserung Ihrer Ausdrucksweise und Rhetorik, aber auch nonverbaler und paraverbaler Faktoren beheben müssen.

Doch bleiben Sie dabei immer bei sich, d. h. in Ihrem eigenen Selbstbild. Aus diesem Grund ist es so wichtig, dass Sie sich vor der Überprüfung anhand der Aussagen anderer Menschen über Ihr eigenes Selbstbild im Klaren sind. Andernfalls kann es leicht passieren, dass Sie die Meinungen der Befragten falsch bewerten und die falschen Schlüsse ziehen. Alle Beteiligten sollten aber unabhängig voneinander befragt werden, damit sie sich nicht gegenseitig beeinflussen können. Bedenken Sie immer, dass das Fremdbild, das andere Menschen von Ihnen haben, auf ganz natürliche Weise entsteht. Jeder sieht Sie anders als Sie sich selbst. Das liegt in der Natur der Dinge. Aus diesem Grund sollten Sie alle Aussagen und Kritiken gut abwägen und zu keinen voreiligen Schlüssen kommen (Vgl. 29).

Haben Sie die negativen Leitsätze herausgefiltert, die Sie dabei behindern, ein positives Selbstbild mit Motivation und Tatendrang zu leben und Veränderungen in Ihrem Leben nicht nur zu akzeptieren, sondern auch zu bewirken, dann beginnen Sie, diese mit positiven Affirmationen auszuschalten. Damit steigern Sie

Ihr Selbstwertgefühl und können auch Misserfolge, die Sie bei der Verbesserung Ihrer verbalen, nonverbalen und paraverbalen Fähigkeiten mit Sicherheit auch haben werden, problemlos wegstecken. Sätze wie „Ich kann das nicht", „Ich werde das sowieso nicht verstehen/lernen", oder „Ich werde das nicht schaffen" werden nicht mehr durch Ihren Kopf gehen und Ihnen ein schlechtes Lebensgefühl verschaffen. Stattdessen werden Sie sich beispielsweise sagen: „Ich kann das super", „Ich werde das schaffen", „Ich werde meine Ausdrucksweise optimieren". Außerdem ist es ratsam, dass Sie sich Ihre Erfolge notieren. Haben Sie besonders schwierige Begriffe neu hinzugelernt und können Sie diese richtig anwenden, dann vermerken Sie das in einem „Erfolgstagebuch". Haben Sie ein Gespräch besonders gut geführt und Ihr Gegenüber von etwas verbal überzeugen können, dann schreiben Sie es sich auf. Wenn Sie Komplimente bekommen, weil Sie eine positive Ausstrahlung haben, notieren Sie auch das.

Das bedeutet nicht, dass Sie für den Rest Ihres Lebens ein „Erfolgstagebuch" führen sollen. Es soll Ihnen allerdings für den Anfang über so manchen Misserfolg hinweghelfen. Auf diese Weise machen Sie sich selbst Mut und erinnern sich daran, dass Sie es schaffen können. Außerdem helfen Ihnen die Notizen dabei, Mängel und Fehler schneller und genauer dingfest zu machen. Nobody is perfekt! Vielleicht setzen Sie diese weisen Worte sogar an den Anfang Ihres Erfolgstagebuchs. All das wird Ihnen dabei helfen, immer mehr über Ihr Selbstbild zu erfahren. Nach einer Weile wird auch ein Effekt wegfallen, der viele Menschen daran hindert, sie selbst und dabei erfolgreich zu sein: Vergleiche. Sind Sie in Ihrem Selbstbild, brauchen Sie sich nicht mit anderen zu vergleichen. Es gibt immer jemanden, der eine bessere Ausdrucksweise hat als Sie, der körpersprachlich effektiver in der Öffentlichkeit auftreten und andere vielleicht schneller von etwas überzeugen kann. Darum aber geht es nicht.

Es geht nur darum, dass Sie Ihren Weg finden, sich selbst so gut wie möglich auszudrücken und das zu kommunizieren, was Sie kommunizieren wollen. Seien Sie also authentisch. Egal, welche Aspekte der Ausdrucksweise in Ihrem Fall welche Gewichtung haben, Tatsache bleibt: Die Quelle von allem liegt in Ihnen selbst und nur dort. Wenn Sie das beherzigen, berücksichtigen Sie die vielleicht wichtigste Voraussetzung der effektiven Selbstbild-Optimierung.

6. Talking Sense: Ausdrucksweise verbessern

Im ersten Teil dieses Buches zur Verbesserung Ihrer Ausdrucksweise haben Sie viel Wissenswertes über Sprache und Sprachen im Allgemeinen, Kommunikation und Bewusstsein und das richtige Mindset als Grundvoraussetzung erfahren. Von der Theorie führt der Weg nun zur Praxis. Das Vorhaben, die Ausdrucksweise zu verbessern, kann zur besseren Übersicht in zwei Bereiche unterteilt werden (Vgl. 30):

1. Erweiterung des Sprach- und Wortschatzes zur Verbesserung der sprachlichen Kompetenz und Anhebung des Sprach- und Kommunikationsniveaus. Das involviert primär eine bildungssprachliche Wortwahl und, wenn möglich, auch Alt- und Fremdsprachen.
2. Verbesserung nonverbaler und paraverbaler Fähigkeiten zur aktiven Umsetzung der erworbenen Sprachkompetenz.

Eine verbesserte Ausdrucksweise zeigt sich zudem anhand folgender optimierter Fähigkeiten:

- schnelle Wortfindung
- gutes Wort- und Sprachgedächtnis
- Fähigkeit zur Formulierung präziser Sätze
- Flexibilität im Umgang mit diversen Sprachebenen, wie z. B. Slang und Dialekt
- schnelle mündliche wie schriftliche Auffassungsgabe

Talking Sense bedeutet „sinnvoll sprechen“, aber auch einen „Sinn“ für die richtigen Worte entwickeln und haben, womit natürlich ein bewusstes Sprechen, eine bewusste Kommunikation mit anderen Menschen gemeint ist. Wenn Sie wissen, was Sie sagen, in der Lage sind, sich selbst zuzuhören, können Sie ein Gespräch gezielt führen und lenken. Bevor es um die faktische Erweiterung Ihres persönlichen Wortschatzes mit Vokabeln und die Bedeutung der Bildungssprache dabei geht, ist es notwendig, sich Gedanken darüber zu machen, wo Sie sprachlich stehen.

Wie sieht es mit Ihrem Zugang zu anderen Sprachebenen aus? Sind Sie ein Mensch, der sich beispielsweise sprachlich in der Umgangssprache bewegt, die zwar der allgemeinen Verständigung dient, aber in vielen Fällen grammatikalisch inkorrekt ist. Oder sind Sie ein Mensch, dessen alltägliche Kommunikation aus beruflichen Gründen mehr von Fachsprachlichem und Sachgesprächen geprägt ist? Vielleicht sprechen Sie aber auch einen regionalen Dialekt oder mischen die Sprachebenen je nach Bedarf, Lust und Laune. Grundsätzlich ist alles zulässig. Es gibt keine Regeln dafür, wie Sie sich wann und gegenüber wem ausdrücken sollen. Geht es allerdings wie hier um die Wirkung, die Sie mit Worten erzielen wollen, ist es notwendig, dass Sie sich für Ihren persönlichen Sprachstil sensibilisieren (Vgl. 31).

Das bedeutet: Hören Sie sich selbst zu? Wenn Sie zu den Menschen gehören, die die Fähigkeit besitzen, sich während des Kommunizierens selbst zuzuhören, auf ihre Wortwahl zu achten und sofort Fehler zu bemerken, dann können Sie bereits einen großen Vorteil für sich nutzen. Falls nicht, sollten Sie es sich beibringen. Wenn Sie Schwierigkeiten damit haben, kommen Sie dieser Fähigkeit näher, indem Sie etwas von Ihnen Gesagtes aufschreiben und es sich laut vorlesen. Versuchen Sie dann, während des Vorlesens, auf jedes Wort zu achten. Welche Worte sind vielleicht ungeschickt gewählt, welche sehr treffend? Sind bestimmte

Worte z. B. sinnvoll oder weniger sinnvoll gewählt, um Ihre Argumentation zu kommunizieren? Mit der Zeit werden Sie die Fähigkeit erlangen, die Echtzeit-Analyse Ihrer Worte auch während des Sprechens durchzuführen.

Jedes Gespräch verläuft anders. Das hängt nicht nur vom Thema, sondern auch vom Gesprächspartner ab. Einem Freund gegenüber werden Sie sich anders äußern als in einem Geschäftsgespräch im Büro. Bei der Sensibilisierung auf die eigene Sprache und Wortwahl wird Ihnen zuerst auffallen, dass Sie häufig dieselben Sprachmuster verwenden, wie beispielsweise nur wenige Wörter oder kurze Satzteile, die die Aussagen verbinden sollen. Sehr beliebt sind z. B. „wie gesagt", das nahezu allgegenwärtige „genau", oder ein „nicht wirklich". Es gibt aber auch zahlreiche Floskeln und Redewendungen, die die meisten Gespräche nicht beleben, sondern langweilig und vor allem aussagelos machen, wie z. B. „Aller Anfang ist schwer", „Rechts ist da, wo der Daumen links ist", „Was muss, das muss".

Oft gibt es Menschen, die auf andere besonders humorvoll wirken wollen und dann phrasenhafte Aussagen treffen, wie „Ich muss mal für Königstiger", oder „So jung kommen wir nicht mehr zusammen". Wie oft fiel Ihnen bei anderen schon auf, dass sie Sätze mit angehobener Stimme beginnen, „Okay" sagen, um anschließend auf „Augenhöhe diskutieren" zu wollen? Zu anderen Phrasen, die ein Gespräch in der Sache nicht weiterbringen, gehören Sätze wie z. B. „Wir müssen die Menschen abholen, wo sie sind", oder „Ich bin ganz bei Dir" und „Wir sind gut aufgestellt". Dann gibt es jene, die etwas „nicht auf dem Schirm haben", „gut unterwegs sind", für die alles „kein Thema ist" und die mit nichts „ein Problem haben", alles „verorten", alles nur „so was von ... ist", oder aber bei denen in der Regel „gar nichts geht" (Vgl. 32). Ferner gibt es viele, die „schmerzfrei" sind oder die Dinge „leidenschaftslos" angehen. Gegen diese Floskeln muten falsche grammatikalische Konstruktionen wie „das Einzigste", „lohnenswert" oder aber auch die simplen Füllwörter „äh" und „naja" geradezu altmodisch an.

Die Liste dieser Sprachmuster wäre fortzusetzen. Nicht nur, dass diese Floskeln, sofern sie mehrmals wiederholt werden, am Nervenkostüm des Zuhörers zerren, die Sprecher treffen mit ihnen auch keinerlei persönliche Aussage. Besonders im geschäftlichen Kontext sind sie daher unbedingt wegzulassen. Hören Sie sich zu und stellen Sie fest, ob und welche solcher Floskeln Sie selbst gerne einsetzen. Machen Sie sich Notizen dazu, damit Sie eine bessere Übersicht über Ihre Sprachwahl bekommen. Ein Gespräch, welches präzise und sachlich zu einem gegebenen Thema geführt wird, sollte zudem keine sprachlichen Weichmacher enthalten. Diese werden meisten dann eingesetzt, wenn sich ein Sprecher seiner Sache unsicher ist. Sie haben also mehr oder weniger eine ablenkende Funktion. Dazu gehören beispielsweise „eigentlich", „irgendwie", „vielleicht", „irgendwo".

Kriterien der Sprachkompetenz

Was die Überprüfung bzw. Einstufung der sprachlichen Kompetenz eines Menschen betrifft, werden fünf Bereiche berücksichtigt (Vgl. 33): Spektrum, Flüssigkeit, Korrektheit, Interaktion, Kohärenz.

Unter Spektrum fallen die sprachlichen Ausdrucksmittel, die zur Verfügung stehen. Ist Ihr Sprachspektrum breit, haben Sie zahlreiche Optionen, Ihr Anliegen zu formulieren und dabei auch subtile Bedeutungsebenen des Inhalts zu verdeutlichen. Sie können Dinge hervorheben, übertragene Bedeutungen und Mehrdeutigkeiten ausdrücken, differenzieren, und sind auch in der Lage, umgangssprachliche Wortwendungen einzusetzen. Das Spektrum der Redemittel ist so umfangreich, dass Sie sich über allgemeine

Themen des Alltags, aber auch wissenschaftliche Themenbereiche unterhalten und argumentieren können. Ist das Spektrum weniger breit gefächert, fällt auf, dass die Sprache aus vornehmlich elementaren Wortgruppen und Satzstrukturen besteht, mit denen man sich im Alltag zurechtfinden kann und begrenzt Informationen ausgetauscht werden können. Das Repertoire an Wörtern, Floskeln, Redewendungen, Fachbegriffen ist allerdings sehr begrenzt. Gespräche verlaufen eindimensional und die Inhalte beziehen sich meistens nur auf konkrete Situationen.

Unter Flüssigkeit versteht man einen Sprachduktus, der flüssig und auch spontan ist. Eine solche Person verwendet beispielsweise längere Redewendungen. Die Sprachflüssigkeit befähigt dazu, Gespräche abzubrechen und wieder aufzunehmen, die Ausdrucksweise so zu variieren, dass es dem Gesprächspartner nicht auffällt. Ein Mensch, dessen Sprache nur einen geringen Flüssigkeitsgrad aufweist, kann sich nur in kürzeren Sätzen ausdrücken, macht öfter Pausen und gerät bei schwierigen Themen ins Stocken. Auch werden vorgefertigte Ausdrücke verwendet, was das Risiko, sich zu versprechen, minimiert.

Unter Korrektheit versteht man den Grad, in dem Menschen auch komplexe Stilelemente und Grammatik beherrschen, auch wenn sie sich nicht konzentriert unterhalten. Die Sätze, die gesprochen werden, sind grammatikalisch korrekt und es kommt nur selten zu Fehlern. Je weniger Korrektheit eine Sprachführung aufweist, desto mehr leidet die grammatikalische Integrität der gesprochenen Sätze. Die Strukturen der Sprache sind eher gebräuchlich.

Der nächste Punkt, der zur Einschätzung eines Sprachniveaus herangezogen wird, ist Interaktion. Wer gut interagiert, kann sich wortgewandt verständigen, wobei auch Artikulation, Intonation und nonverbale Mittel effektiv und mühelos eingesetzt werden. Eine solche Person ist in der Lage, eigene Ansichten und

Kommentare in komplexe Gesprächsrunden einzubringen. Der Umgang mit den anderen Gesprächspartnern ist natürlich und unverkrampft. Je weniger Interaktionsfähigkeit ein Mensch besitzt, desto größer sind die Schwierigkeiten bei der Auswahl der adäquaten rhetorischen Mittel. Auch können Beiträge und Kommentare in Gesprächen nur relativ ungeschickt geäußert werden. Eine solche Person hat Probleme, die Sprecherrolle zu übernehmen, und wird eher passiv bleiben. Vielmehr kommt ein einfaches Frage-Antwort-Schema zum Zuge (Vgl. 34).

Der letzte Punkt ist die Sprachkohärenz. Darunter ist die Fähigkeit zu verstehen, zusammenhängend zu sprechen und Beiträge zu leisten. Die Sätze sind korrekt gegliedert und weisen sich durch zahlreiche Verknüpfungsoptionen aus. Je weniger diese Fähigkeit vorhanden ist, desto unzusammenhängender und sprunghafter wird die Sprech- und Argumentationsweise. Die Konnektoren, die genutzt werden, sind z. B. „und“, „weil“, „aber“ und „dann“. Komplizierte Konnektoren, wie z. B. „wodurch“, „woraufhin“, „wonach“, werden nicht verwendet.

Die Sprachkohärenz können Sie überprüfen und wenn nötig verbessern, indem Sie sich vornehmen, einen kleinen Übungstext zu konzipieren, der inhaltlich einige Handlungsabläufe schildert. Wie drücken Sie sich einer anderen Person gegenüber aus, wenn Sie beispielsweise von Ihrem Alltag berichten müssten. Folgende Abläufe müssten im Text enthalten sein: „Frühstücken, zur Arbeit fahren, mit Kollegen sprechen, Shoppen gehen, einen Freund treffen, ins Restaurant gehen.“

Verwenden Sie einfache Konnektoren, könnte der Text wie folgt lauten: „Ich machte mir mein Frühstück, dann fuhr ich zur Arbeit und sprach mit Kollegen. Dann ging ich shoppen. Aber ich traf einen Freund und ging mit ihm ins Restaurant.“

Setzen Sie dagegen komplizierte Konnektoren ein, würden Sie sich beispielsweise wie folgt ausdrücken: „Nachdem ich mir mein Frühstück gemacht hatte, fuhr ich zur Arbeit, wo ich mit Kollegen sprach. Danach ging ich shoppen, wobei ich einen Freund traf, mit dem ich ins Restaurant ging".

Sie merken sofort, dass die Kohärenz des zweiten Satzes eine ganz andere ist, und dass die Handlungsabläufe kausal viel enger und darum verständlicher verbunden werden. Es wird in diesem Beispielsatz aber aufgrund des Satzbaus und der Konnektoren auch auf die Temporalformen der Verben geachtet, d. h., sowohl Vergangenheit (Perfekt) als auch Vorvergangenheit (Plusquamperfekt) verwendet.

Diese Kriterien können Sie heranziehen, um Ihr eigenes Sprachniveau zu bewerten. Zur Verbesserung Ihrer Ausdrucksweise, d. h. zur Erweiterung Ihres Wortschatzes, Ihrer grammatikalischen Kenntnisse, etc., gibt es im Wesentlichen zwei Methoden: Die eine Methode ist das systematische Auswendiglernen von Wörtern, die Ihre Ausdrucksweise in unterschiedlicher Weise bereichern. Die andere Methode ist vielfältiger und setzt sich aus mehreren Optionen zusammen. Für viele Menschen, die Schwierigkeiten mit dem Auswendiglernen von Wörtern haben, ist sie die einfachere von beiden. Doch zuerst zur Wortschatzerweiterung.

Mehr Wörter, mehr Wissen

Der Begriff „Bildungssprache" ist schon mehrfach genannt worden. Doch wie wird Bildungssprache heute definiert? Unter dieser Bezeichnung versteht man ein anspruchsvolles Sprachregister, welches nicht nur im unmittelbaren Zusammenhang mit universitären Bildungseinrichtungen steht, sondern außerhalb des staatlichen Kontextes gebraucht wird (Vgl. 35).

Die Bezeichnung „Bildungssprache“ ist allerdings nicht neu. Sie stammt aus dem gelehrten Schrifttum des 19. und 20. Jahrhunderts. Dort wurde sie als Hochsprache definiert, deren Aussprache als „rein“ galt, was sich auf die gewählte grammatikalisch korrekte Aussprache der gebildeten Schichten, d. h. des Bildungsbürgertums, bezog. Demgegenüber definierte man die Mundart oder das „Platt“ als die Verkehrssprache der weniger gebildeten Bevölkerungsschichten bzw. der Unterschicht. Als eine Hauptkomponente der Bildungssprache galten die sogenannten Altsprachen Latein und Griechisch, die die Grundlage der klassischen humanistischen Bildung ausmachten. Im 17. und 18. Jahrhundert wurde in manchen Ländern noch Französisch hinzugezählt, jene romanische Sprache, die in Preußen als Sprache des Hofes und der Philosophie gesprochen und verehrt wurde (Vgl. 36). Heute gehört aufgrund ihrer weltweiten Verbreitung die englische Sprache im Allgemeinen zur Bildungssprache dazu.

Wodurch zeichnet sich nun die Bildungssprache heutzutage aus? Die Antwort auf diese Frage wird Ihnen zugleich zeigen, wie genau Sie Ihre sprachliche Ausdrucksweise effektiv verbessern können.

Die Bildungssprache erfüllt unter anderem folgende Kriterien:

- Abstrahierende und differenzierende Wörter und Sprachwendungen lateinischen oder griechischen Ursprungs, wie z. B. „sedieren“ anstelle von „ruhigstellen“ oder „prädestinieren“ anstelle von „vorherbestimmen“.
- Verben mit Präfix oder Reflexivpronomen, wie z. B, „sich beziehen“ oder „sich vorbereiten“.
- Substantivische Zusammensetzungen, wie z. B. „Winkelmaß“.
- Fachbegriffe, wie z. B. „quantenphysikalisch“ oder „pythagoreisch“.
- Deskriptiv-adjektivische Wortwahl.

Was den Satzbau der Bildungssprache betrifft, werden ebenfalls bestimmte Kriterien angesetzt, so beispielsweise:

- Hohe Satzkohäsion.
- Satzbau bestehend aus Relativ- und Konjunktionalsätzen, erweiterten Infinitivkonstruktionen, aber auch Passivsätzen mit „man“ als Subjekt.
- Streckformgefüge, wie z. B. „zur Anwendung bringen“, „zum Stillstand bringen“.
- Umfängliche Beifügungen, wie z. B. „die sich darauf ergebende Konsequenz“, „die damit verbundene Tatsache“.

Die Erweiterung des Wortschatzes sollte nun erfolgen, indem Sie sich Wörter aus der Bildungssprache aneignen. Da viele dieser Wörter aus der klassischen humanistischen Bildung stammen, sind mit ihnen oft ganze historische oder kulturelle Inhalte verbunden. Das macht das Lernen umso spannender, denn Sie lernen nicht nur ein neues Wort, sondern auch seinen erweiterten Kontext, sodass sich Ihnen neue Wissenshorizonte eröffnen. Im Angang dieses Buches finden Sie dazu mehrere Wortlisten, die nach gewissen erläuterten Kriterien erstellt worden sind (Vgl. Anhang 1).

Das Kontinuum der Worte

Wenn es um den sprachlichen Ausdruck geht, unterscheidet man zwischen einem aktiven und passiven Wortschatz (Vgl. 37). Diese beiden Unterscheidungen werden herangezogen, wann immer es darum geht, den eigentlichen sprachlichen Lernprozess zu definieren. So gibt es einen absichtlichen oder intentionalen Prozess und einen unbeabsichtigten oder inzidentellen Prozess, der jeweils Schreiben, Sprechen und den Spracherwerb betrifft. Das bezieht sich auch auf das Erlernen einer Fremdsprache.

Was nun ist der aktive Wortschatz?

Der aktive Wortschatz wird auch als produktiver Wortschatz bezeichnet, da er für jenes Vokabular steht, welches Sie für die alltägliche mündliche oder schriftliche Kommunikation zur Verfügung haben.

Der passive Wortschatz ist das Gegenteil, d. h., er umfasst alle Wörter, Sprachwendungen, etc., die Sie zwar verstehen, die Sie aber dennoch nicht täglich verwenden oder gebrauchen müssen. Das sind Wörter, die Sie beispielsweise in einem Fachartikel in der Tageszeitung lesen oder aber bei einem Vortrag von einem Redner hören.

Aus diesem Grund ist der passive Wortschatz immer größer und umfassender als der aktive Wortschatz. Man schätzt, dass der passive Wortschatz abhängig vom Bildungsstand bis zu 100.000 Wörter umfassen kann. Sprechen Sie mehrere Fremdsprachen, dann erhöht sich diese Zahl selbstverständlich. Der aktive Wortschatz fällt dagegen sehr klein aus. Er umfasst in der Regel nur zwischen 6.000 und 15.000 Wörter. Man geht aber davon aus, dass ein Erwachsener mit einer durchschnittlichen Bildung 40.000 Wörter kennt.

Beide Wortschätze sind in Form eines mentalen Lexikons in Ihrem Gehirn abgespeichert, und zwar zwischen dem bereits erwähnten Wernicke- und Broca-Arealen. Beim Lernen von Vokabeln werden diese in diesen Hirnbereichen abgespeichert. Wollen Sie die Vokabeln benutzen, werden sie aus diesen Arealen abgerufen, wobei der Zugriff auf Ihren Wortschatz über das Wernicke-Areal geschieht. Sprechen Sie eine Fremdsprache, wird Ihnen schon des Öfteren aufgefallen sein, dass Sie beim Lesen fremdsprachlicher Texte viel mehr verstehen, als Sie selbst mündlich ausdrücken könnten. Hier wird der Unterschied zwischen dem aktiven und passiven Wortschatz besonders deutlich.

Doch die Entwicklung beider Wortschätze erfolgt in einem fließenden Prozess, der auch schwer steuerbar ist. Es liegt nämlich nicht immer in Ihrer Macht, zu entscheiden, welches Wort Ihr Gehirn aktiv und welches Wort es passiv abspeichert. Besonders Lesen führt dazu, dass Sie Ihren passiven Wortschatz erweitern können, obwohl Sie natürlich auch Wörter lernen, die Sie aktiv einsetzen können. Aber auch Medien mit qualitativ hochwertigen Inhalten können Ihnen dazu dienen, Ihren passiven Wortschatz auszubauen. Um Wörter aktiv parat zu haben, hilft auch die Übung des Nachsprechens von Dialogen aus Film und Fernsehen. Gut geeignet sind aber auch Hörbücher mit literarisch anspruchsvollen Texten. Aber nicht nur Wörter oder Sätze eignen sich zum Nachsprechen. Sie können auch versuchen, Artikulation und Intonation professioneller Sprecher nachzuahmen und somit Ihre Ausdrucksweise auf ein höheres Niveau heben. Wollen Sie, dass Wörter aus dem passiven Wortschatz aktiv verwendet werden, sprechen Sie diese laut aus. Ihr Gehirn wird das entsprechend registrieren. Auf diese Weise gelingt es Ihnen, Wörter, die Sie selten verwenden, wieder in Ihre alltägliche Kommunikation zu integrieren.

Praktische Sprachoptimierung

Die meisten Menschen treffen die Entscheidung, ihre Ausdrucksweise zu verbessern aus bestimmten Gründen heraus. Diese können unterschiedlicher Natur sein (Vgl. 38):

- **Private Gründe**
  Sie interessieren sich z. B. für ein bestimmtes Fachgebiet, schließen neue soziale Kontakte und müssen Ihre Ausdrucksweise verbessern und Ihren Wortschatz erweitern.

- **Berufliche Gründe**
  Sie machen in Ihrem Beruf Karriere, werden mit neuen Arbeitsfeldern betreut und müssen den veränderten Herausforderungen genügen. Die Aneignung neuer Sachkenntnisse zum Umgang mit universitärem oder internationalem Publikum beispielsweise erfordert auch die Verbesserung Ihrer eigenen Ausdrucksweise.

- **Sie kommen besser an**
  Ob es sich um ein Bewerbungsgespräch oder nur ein Geschäftsgespräch handelt, eine flexible, vielfältige Sprachwahl, die den obigen Kriterien des Sprachniveaus genügt, signalisiert auch Sachkompetenz. Außerdem finden Sie in vielen Fällen einen direkten Zugang zu anderen Menschen, deren allgemeines Sprachniveau höher ist. Sie wirken zudem anziehender auf andere Menschen, wenn Sie sich fesselnd, prägnant und präzise ausdrücken können.

- **Horizonterweiterung**
  Je größer Ihr Wortschatz, desto weiter sind Ihr Bildungshorizont und auch Ihre Auffassungsgabe. Aber auch Ihre eigene Vorstellungskraft wird durch die multiplen sprachlichen Kombinationsmöglichkeiten verbessert.

- **Positives Selbstbild**
  Mehr zu wissen und zu können als andere Menschen, steigert natürlich Ihr Selbstwertgefühl und Ihr Selbstvertrauen und lässt Sie vollkommenin Ihrem positiven Selbstbild sein. Sie sind in der Lage, schwierige Situationen sprachlich für sich zu entscheiden und vielleicht auch Probleme auszuräumen, indem Sie schlagfertig sind und auch den wichtigen Small Talk im Büro beherrschen. Auch sind Sie anpassungsfähiger an sich verändernde Situationen.

- **Größerer Wissensschatz**
  Ausdrucksweise und sprachliche Kompetenz gehen mit der Erweiterung des persönlichen Wissensschatzes einher. Sie verstehen mehr, können sich in viele Themen schnell und effektiv einarbeiten und haben so auch mehr vom Leben.

- **Flexibilität im Handeln**
  Denken Sie flexibler, weil Ihre Sprachkompetenz multipel ist, handeln Sie auch in alltäglichen Situationen schneller. Sie sind in der Lage, alltägliche Dinge von mehreren Seiten zu durchdenken, was Sie auch verständnisvoller und empathischer werden lässt.

Mit folgender Methode können Sie Ihre Ausdrucksweise und Ihre Sprachkompetenz ganz einfach selbst verbessern:

Gehen Sie aufmerksam durch die Welt

Das bedeutet, dass Sie mit offenen Ohren durch Ihren Alltag gehen sollen, um sich für andere Sprachebenen zu sensibilisieren. Hören Sie genau zu, wenn sich andere Menschen unterhalten, machen Sie sich Notizen von dem Gesprochenen. Das gilt aber auch für den Fall, wenn Sie selbst Gespräche führen, bei denen Sie sich auf einem anderen, höheren Sprachniveau als sonst bewegen. Doch das betrifft nicht nur Begriffe aus der Bildungs- und Fachsprache, sondern auch Wortmuster, Redewendungen und Floskeln, die Sie nicht kennen, und mit denen Ihr Wortschatz bereichert werden kann. Wenn es um ein bestimmtes Sachgebiet geht, bei dem Sie „mitreden" wollen, ist es sinnvoll, Vorträge zu besuchen und professionelle Redner zu hören und zu studieren. Dabei gilt es auch, auf die Körpersprache anderer Menschen zu achten und sich auch dafür zu sensibilisieren.

Wirkungsvolle Begriffe oder Satzmuster sollten Sie sich aufschreiben und auswendig lernen, wenn es notwendig ist. Natürlich muss alles zueinander passen. Eine effektvolle umgangssprachliche Redewendung passt nur in bestimmten Fällen zu einem akademischen Thema. Versuchen Sie ein Gefühl dafür zu bekommen, wann welche Sprachwendungen angebracht sind, und wann sie besser weggelassen werden sollten, um nicht den falschen Effekt zu erzielen. Geht es um Fremdwörter, versäumen Sie es nicht, diese in einem Wörterbuch nachzuschlagen. Sehr oft werden Fremdwörter falsch eingesetzt, weil der Sprecher nicht genau weiß, was sie bedeuten. Das gilt besonders für lateinische und griechische, aber auch so manche englischen Wörter, die im deutschen Sprachgebrauch präsent sind oder assimiliert wurden. Dazu später noch Genaueres.

Sie können aber auch selbst Sprachübungen durchführen. Stellen Sie sich einen fiktiven Gesprächspartner vor und bilden Sie dann Sätze, mit denen Sie Ihre Botschaft kommunizieren. Dabei haben Sie die Möglichkeit, viel herumzuexperimentieren und sich so oft zu verbessern, wie Sie es wollen. Auch haben Sie die Gelegenheit, bestimmte Situationen vorher sprachlich und argumentativ durchzudenken, so beispielsweise vielleicht ein wichtiges Geschäftsgespräch, bei dem es für Sie um viel geht.

Achten Sie auf Sprachvarianten

Es gab sie immer. Heute allerdings tragen die Medien sehr stark dazu bei, dass sich Sprachvarianten schneller verbreiten als früher. Was versteht man darunter? Sprach- oder auch Sprechvarianten bilden sich immer dort, wo sich gesellschaftliche Szenen oder abgegrenzte bzw. eigenständige kulturelle Bereiche entwickeln, deren Vertreter über ein „Sprech" verfügen, mit dem sie sich verständigen (Vgl. 39). So ist heute beispielsweise oft vom Politsprech die Rede. Um herauszufinden, worum es sich dabei handelt, und was diese Sprachvariante charakterisiert, können Sie sich z. B.

eine Talkshow anschauen, in der professionelle Politiker zu Wort kommen. Machen Sie den Test. Versuchen Sie sich nicht auf den Inhalt des Gesagten, sondern auf die Struktur der Sätze und die Argumentationsweise zu konzentrieren. Sie werden schnell bemerken, dass der Inhalt oft zweitrangig ist und dass es den Sprechern in erster Linie häufig nur darauf ankommt, an Emotionen, wie Angst oder Wut, zu appellieren. Wenig nachprüfbarer Inhalt wird durch viele rhetorisch geschickte Worte ersetzt, die eigentlich die Selbstinszenierung des Sprechers in den Vordergrund rücken sollen. Es mag nicht rühmlich sein, doch es dient dem Zweck der Selbstdarstellung in den Medien.

Sich damit zu beschäftigen, soll nicht bedeuten, es diesen Sprechern nachzutun. Es sollte Ihnen nur als Übung dienen, mit der Sie sich weiter sensibilisieren können, um Ihre eigene Ausdrucksweise zu finden und zu ausgestalten.

Es gibt viele Sprach- oder Sprechvarianten, wie beispielsweise das „Jugendsprech“, welches häufig von Superlativen geprägt ist. Da fallen Wörter wie z. B. „cringe“, „krass“, „mega“, „hip“. Andere Sprachwendungen sind überaus kreativ, wie z. B. „abschädeln“ für „sich betrinken“. Wer unter den Achseln behaart ist, feiert „Achselfasching“; ein Frauenheld, den man früher Playboy nannte, ist heute ein „Abschleppwagen“; das Fahrrad, der alte Drahtesel, wird kurz zur „Alugurke“. Wer nicht gestört werden will, will „nicht zugetextet“ werden, und man „disst“ jemanden, wenn man sich abfällig über eine Person äußert.

Die alten Lateiner

Sprachen entwickeln sich und Sprachfamilien sind der indirekte Beweis dafür, dass es wichtig ist, sich mit jenen Sprachen zu beschäftigen, die als Protosprachen gelten. Man nennt sie auch Altsprachen. Im mitteleuropäischen Raum sind das Latein und Altgriechisch. Wer einen universitären Bildungsweg einschlägt und sich für bestimmte Fachbereiche wie beispielsweise Archäologie interessiert, wird auch um Hebräisch nicht herumkommen. Altsprachen werden häufig als tote Sprachen bezeichnet, da sie im alltäglichen sozialen Kontext nicht mehr gesprochen werden. Aus Latein wurde das heutige Italienisch, aus Altgriechisch das heutige Neugriechisch. Doch wie bereits oben erläutert, sind Ur- oder Protosprachen für eine gesamte Sprachfamilie maßgebend. Wer Kenntnisse von ihnen hat, verfügt also über den bestmöglichen Zugang zu den anderen verwandten Sprachen der Sprachfamilie. Aber auch der Zugang zu dem jeweiligen Kulturgut der romanischen Völker in Europa ist im Falle von Latein gegeben.

Sie müssen allerdings kein Altphilologe werden, der sich perfekt grammatikalisch in der lateinischen Sprache auskennt, um lateinische Wörter in Ihren Sprachschatz aufzunehmen. Tatsache ist, dass die deutsche Bildungssprache ohne lateinisch- und griechischstämmige Wörter nicht auskommt. Gerade in Wissenschaft und Wirtschaft hängt die jeweilige Fachsprache oft mehr oder weniger vollständig von altsprachlichem Vokabular ab. Zu nennen sind beispielsweise Juristen oder Ärzte. Wollen Sie eine romanische Sprache lernen, wie z. B. Spanisch oder Italienisch, werden Sie unschätzbare Vorteile genießen können, wenn Sie Latein-Kenntnisse mitbringen. Tatsächlich wird Ihnen schnell auch ein gewisses „Schwierigkeitsgefälle" auffallen. Sind Sie mit Latein vertraut, wird Ihnen beispielsweise die spanische Grammatik als überaus einfach vorkommen. Sie werden die Sprache einfacher lernen können. Sehr viele Wörter werden Sie aufgrund ihrer lateinischen Wortwurzeln erkennen (Vgl. 40).

Aus diesen Gründen verfügen Sie mit Latein- oder Griechisch-Kenntnissen über ein Orientierungswissen, welches andere nicht nachweisen können. Kommen Sie beispielsweise auf Reisen an einen Punkt, an dem Sie vielleicht nicht weiterwissen, können Sie sich mithilfe dieses sprachlichen Orientierungswissens zur Not immer zurechtfinden. Der alte Lateiner kann auch ihm unbekannte, aber komplizierte Sachverhalte erfassen, und zwar nur aufgrund seiner Fähigkeit, Wortwurzeln zu erkennen und darüber die Bedeutung von Wörtern abzuleiten, ohne sie gelernt zu haben (Vgl. Anhang 2). Das gilt auch für die Universalsprache Englisch, die ebenfalls viele Begriffe beinhaltet, die lateinischen Ursprungs sind.

Aber es gilt auch für jene deutschen Tageszeitungen, die nicht zur Boulevard-Presse gezählt werden. Machen Sie den Test: Schlagen Sie beispielsweise den Wirtschaftsteil der FAZ oder der Süddeutschen Zeitung auf und wählen Sie eine Seite aus. Dann zählen Sie alle Wörter, deren Bedeutung Sie entweder nicht genau oder überhaupt nicht kennen. Haben Sie so eine Wortliste erstellt, überprüfen Sie anschließend, wie viele dieser Wörter lateinische oder griechische Wurzeln haben. Sie werden überrascht sein, wie viele Wörter Sie nicht kennen, die aus den vermeintlich „toten" Sprachen stammen. Lernen Sie dann die Begriffe, die auf Ihrer Liste stehen. Es ist sinnvoll, sich auch darüber zu informieren, aus welchem ursprünglichen Kontext diese Wörter stammen. Hintergrundwissen dient immer der Vertiefung Ihrer Sprachkenntnisse.

Wer Latein kann, hat viele Vorteile im Leben. Nicht nur verbessern Sie Ihre Ausdrucksweise und erweitern Ihren Wortschatz, es gibt auch weitere Pluspunkte, die Sie sammeln können.

Hier noch einmal die Hauptvorteile zusammengefasst:

- Latein ist Ihnen dabei behilflich, akademische und wissenschaftliche Texte mit vielen Fachbegriffen zu verstehen.

- Latein hilft Ihnen dabei, andere romanische Fremdsprachen, wie Französisch, Italienisch oder Spanisch, leichter zu erlernen.

- Latein hebt Ihre Lesekompetenz auf ein höheres Niveau. Wer Latein lernt, lernt es auch, genau hinzuschauen. Diese Altsprache ist, was beispielsweise ihren Satzbau betrifft, sehr kompliziert. Sie trainieren also die notwendige Sorgfalt beim Lesen oder auch beim Bilden lateinischer Sätze. Ihr Konzentrationsvermögen wird dadurch gesteigert, was auch für andere Dinge nur von Vorteil ist.

- Latein dient einem grundsätzlich verbesserten Sprach- und Ausdrucksverständnis. Die lateinische Grammatik ist allein mit ihren fünf Fällen komplex und schwierig, und es müssen zahlreiche Ausnahmen gelernt werden. Das führt dazu, dass Sie auch ein allgemein besseres Verhältnis zu Sprachstrukturen bekommen. Erlernen Sie eine Fremdsprache, sind Sie für diese bereits ausreichend sensibilisiert.

- Latein ist ein Wissensvermittler. Wer sich für Geschichte und speziell Altertumskunde interessiert, wird Latein zu schätzen lernen. Die Kulturen Europas begründen sich auf den Kulturen der Antike. So kann Ihnen Latein nicht nur Geschichte, sondern auch Kunst, Politik und Wissenschaft näherbringen. Dadurch wiederum können Sie auch Ihr Allgemeinwissen vertiefen, welches für alltägliche Situationen, wie z. B. den Small Talk, um den es später noch gehen wird, wichtig ist.

- Latein dient als Vermittler fundamentaler Arbeitsmethoden. Das betrifft beispielsweise analytisches Denken, welches für das Verständnis des lateinischen Satzbaus erforderlich ist. Aber auch die Textinterpretation wird erlernt, die für Sie im Alltag immer dann wichtig wird, wenn es darum geht, Nachrichten richtig zu verstehen.

Ferner werden Ausdauer und Geduld geübt, die für das Latein-Lernen geradezu Voraussetzung sind. Da lateinische Sätze sehr komprimiert sein und drei Wörter in der Übersetzung ganze Sätze bedeuten können, ist zudem kreatives Denken und der ebensolche Umgang mit der eigenen Sprache notwendig.

- Latein dient dem Verständnis antiker Originalquellen. Wer Geschichte an ihren Quellen kennenlernen will, braucht Latein-Kenntnisse. Können Sie jahrhundertealte Schriften lesen, ist das ein großes Plus für Ihre Kompetenz in Gesprächen mit anderen Menschen. Ihnen stehen Quellen zur Verfügung, die andere nicht kennen. Ihre Expertise wird dadurch in vielen Fällen weitaus authentischer und zutreffender.
- Latein ist die Grundvoraussetzung für universitäre Bildung, d. h. für Studiengänge wie Medizin, Jura, Kunstgeschichte, Germanistik, Wirtschaftswissenschaften, Geschichte, Anglistik, etc.

Latein ist aber noch in anderer Hinsicht von größter Bedeutung für Ihre Ausdrucksweise. Sie können nämlich lateinische Sinnsprüche, Phrasen oder klassische Zitate zur Bereicherung Ihres sprachlichen Ausdrucks verwenden. Auch wenn Sie kein Lateiner werden wollen, mithilfe einiger Grundlagen sind Sie schon bald in der Lage, Ihren Wortschatz auf diese Weise zu erweitern und das nächste Gespräch vielleicht auf ein höheres Niveau zu heben. In allen lateinischen Sprüchen und Zitaten, die oft von römischen Dichtern stammen, ist in wenigen Worten viel Lebensweisheit enthalten.

Wenn Sie beispielsweise auf niveauvolle Weise ausdrücken wollen, dass es wichtig ist, den Augenblick des Lebens zu genießen, könnten Sie sagen: „Memento mori“, was übersetzt wird mit „Bedenke, dass Du (irgendwann) sterben wirst“. Und eine Entscheidung, die Sie nach reifem Überlegen getroffen haben, können Sie mit den

Worten kommentieren: „Alea jacta est“, „Der Würfel ist gefallen“. Ihr Gegenüber wird durch einen lateinischen Sinnspruch, durch den Sie immer einen besonderen Sprachakzent setzen, wohl fast immer zum Nachdenken angeregt (Vgl. Anhang 3).

Mit Fremdsprachen glänzen

Wer Fremdsprachen lernt, dem steht die Welt weit offen. So ist das Erlernen einer oder mehrerer Fremdsprachen ein effektives Modul zur Verbesserung Ihrer allgemeinen Ausdrucksweise.

Folgende Vorteile bieten sich Ihnen (Vgl. 41):

- **Verbesserung des Erinnerungsvermögens**
  Fremdsprachen halten Ihr Gehirn fit. Nicht nur das Hin- und Herschalten zwischen zwei Sprachen, auch die gesteigerte Aufmerksamkeit beim Sprechen und Verstehen eines Gegenübers sorgen dafür, das Sie geistig agil bleiben. Fremdsprachliche Vokabeln zu lernen, trainiert das Gedächtnis mehr als viele andere Methoden zur Steigerung des Erinnerungsvermögens. Wenn Sie sich in einer Fremdsprache mit einer anderen Person unterhalten, werden Sie diese aber auch viel aufmerksamer betrachten als einen Menschen, der in Ihrer Muttersprache spricht. Gerade für Anfänger, die noch nicht über das volle verbale Verständnis der vielen Nuancen der Sprache verfügen, ist es nämlich wichtig, auch auf die Körpersprache des Gesprächspartners zu achten, um daraus ebenfalls notwendige Schlüsse für die Kommunikation ziehen zu können.

- **Vorteile beim Multitasking**
  Die Welt wird immer komplexer. Bilinguale Menschen haben Studien zufolge deutlich verbesserte Fähigkeiten,

komplexe Probleme zu lösen als Menschen, die nur ihre Muttersprache sprechen. Wenn Sie Ihre kognitiven Fähigkeiten verbessern, können Sie besonders im Berufsleben viel leichter mit den schwierigen Aufgaben und Herausforderungen des Multitaskings fertig werden.

- **Kosmopolitischer werden**
  Wer Sprachen lernt und spricht, ist auf dem Weg, ein echter Weltbürger zu werden. Sprechen Sie eine Fremdsprache, werden Sie automatisch der jeweiligen Kultur gegenüber einfühlsamer und verständnisvoller. Sprachen sind somit kulturelle Brücken, die zudem tiefen Einblick in die Mentalität anderer Völker bieten. Man hat aber auch feststellen können, dass Menschen, die bi- oder multilingual sind, auch allgemein eine positive Haltung zum Leben haben. Sie lassen sich auf mehr ein, und die Begeisterung, die sie für eine andere Kultur empfinden, dient neuen sozialen Kontakten. Sie lernen Menschen kennen und schließen Freundschaften über Grenzen hinweg. Und die Anerkennung, die Sie dann erhalten, gibt Ihnen nur weitere Motivation.

- **Verbesserung der Muttersprache**
  Fremdsprachen zu sprechen, bedeutet nicht nur, sich in einem anderen Land sprachlich zurechtzufinden. Durch Fremdsprachenkenntnisse können Sie auch Ihre Muttersprache optimieren, da Sie bewusst über Sprachstrukturen wie Satzbau oder Grammatik nachdenken müssen. Fremdsprachen machen Ihnen also Ihre eigene Muttersprache grundsätzlich bewusster. Die positive Folge ist, dass Sie nicht nur eine Fremdsprache versuchen, so gut wie möglich zu sprechen, sondern auch mehr Wert auf den muttersprachlichen Ausdruck legen.

- **Fremdsprachen vergrößern das Gehirn**
  Das Gehirn ist bekanntlich ein Muskel. Und wie andere Muskeln kann man auch den Gehirn-Muskel trainieren, stärker und größer werden lassen. Je mehr Sprachen Sie sprechen, desto deutlicher werden die positiven Effekte im Hippocampus und im zerebralen Kortex.

- **Selbstvertrauen wird gestärkt**
  Das Erlernen von Fremdsprachen bringt eine Reihe positiver psychologischer Effekte mit sich. Wenn Sie eine fremde Sprache mehr und mehr verstehen lernen und Erfolgserlebnisse beim Kommunizieren mit anderen Menschen haben, werden Sie bemerken, wie sehr sich Ihr Vertrauen in Sie selbst verbessert. Jeder Fortschritt ist ein Erfolg, der nicht nur Motivation bringt, sondern auch Ihre Selbstsicherheit wachsen lässt. Dann wird auch die Sorge verflogen sein, die manche Menschen haben, wenn Sie sich in einer Fremdsprache unterhalten sollen. Sie fürchten Fehler zu machen. Redesicherheit ist aber primär ein psychologisches Kriterium der Kommunikation. Es gibt Menschen, die nur wenige Vokalen beherrschen, dennoch aber eine hohe Redesicherheit haben.

- **Mehr Reisespaß**
  Sprechen Sie Französisch, wenn Sie nach Paris reisen wollen, werden Sie nicht nur ganz anders in Frankreich ankommen, Sie werden auch mehr Spaß an allem haben, was Sie umgibt. Sie sind außerdem nicht mehr auf internationale Hotels angewiesen, sondern können auch dort wohnen, wo sich nur Einheimische aufhalten. Das stärkt Ihre Fähigkeit zur Kulturbindung. Kurz: Fremdsprachen machen das Erleben authentischer.

- **Größere Bewegungsfreiheit**
  Sprechen Sie eine oder mehrere Fremdsprachen, dann haben Sie potenziell die Möglichkeit, an anderen Orten zu leben, zu arbeiten oder zu studieren. Fremdsprachen sind nicht nur Brücken, sondern auch Türen, die Ihnen den Zugang zur internationalen Welt öffnen. Vielleicht wartet sogar Ihr Traumjob im Ausland auf Sie? Wer heutzutage in der globalisierten Welt auf der Karriereleiter nach oben steigen möchte, kommt ohne Fremdsprachen nicht aus. Je mehr, desto besser. Auch Ihre Gehaltschancen verbessern sich mit Fremdsprachenkenntnissen, die Sie beruflich einsetzen können.

Denglisch – ja oder nein?

Die Fremdsprache, die heute in der westlichen Welt am wichtigsten ist, ist Englisch. Sie ist die Sprache der Globalisierung, aber auch des Internets. Wer heute im Internet surft und keine Englischkenntnisse besitzt, kommt an seine Grenzen. Doch die besonders starke Verbreitung der englischen Sprache in den letzten Jahrzehnten hat das allgemeine Niveau auch leider sinken lassen. Englisch wird zwar von vielen Menschen oft passiv verstanden, aktiv aber nur relativ selten richtig gesprochen. Das liegt unter anderem daran, dass viele gängige Begriffe aus dem Englischen im Deutschen falsch verwendet werden.

Daraus hat sich nun eine eigene Sprache entwickelt, die als Denglisch, kurz für „Deutsch-Englisch", bezeichnet wird. Doch sie ist nicht neu. Schon seit Mitte der 1950er-Jahre ist Denglisch als eine spezielle Sprachkombination aus Englisch, Deutsch, sowie echten und falsche Anglizismen bekannt.

Doch das Denglische ist trickreich, kreativ, aber auch teilweise überaus verwirrend. Es kann aber auch lustig sein. So gibt es viele nicht ernst gemeinte, spaßhafte Wendungen wie z. B. „you are on the woodway“, „Sie sind auf dem Holzweg“, „you are but a fun bird“, „Sie sind aber ein Spaßvogel“, oder „the devil lies in the detail“, „Der Teufel liegt im Detail“. Sie können solche Wendungen selbst erfinden, indem Sie einfach den deutschen Satz Wort für Wort ins Englische übersetzen und damit bei so manchem Gespräch für einen Lacher sorgen.

Denglisch umfasst ferner aber nicht nur echte Lehnwörter aus dem Englischen, wie z. B. „Download“, „E-Mail“, „Ticket“, „Lifestyle“, etc., sondern auch sogenannte Pseudoanglizismen, von denen das Wort „Handy“ vielleicht das aktuell berühmteste Beispiel ist. Denglisch sorgt besonders dann für Missverständnisse und Verwirrung, wenn Sie sich mit einem englischen Muttersprachler unterhalten. Sofern dieser nicht in Deutschland lebt, denglische Begriffe kennt und sogar selbst nutzt, sollten Sie nach Möglichkeit darauf verzichten. Wollen Sie Ihre Ausdrucksweise verbessern, sollten Sie grundsätzlich immer auf die Korrektheit des Wortgebrauchs achten.

Nachstehend einige Beispiele für denglische Wörter (Vgl. 42):

- **Handy**
  Vielleicht der Klassiker schlechthin. Das englische Wort „handy“ bedeutet wörtlich „praktisch“ oder „handlich“, hat aber nichts mit dem „hand-held mobile“ zu tun. Obwohl auch Engländer mittlerweile „handy“ sagen, ist „mobile“ das gängige Originalwort in Großbritannien. Ein Amerikaner würde dagegen eher das Wort „cell phone“ gebrauchen.

- **Mailbox**
  Wenn Sie einem amerikanischen Muttersprachler sagen, Sie hätten auf seine Mailbox gesprochen, wird die-

ser sich wundern. Denn Mailbox bedeutet wörtlich „Hausbriefkasten". Wenn Sie Mailbox richtig sagen wollen, muss es „voicemail" heißen.

- **Shooting**

  Dieses Wort kann man sehr häufig finden, es soll einen Fototermin bezeichnen. Doch das bedeutet es nur im Denglischen. Im Englischen dagegen bedeutet „shooting" eine „Schießerei". Das richtige englische Wort für einen „Fototermin" lautet „foto shoot".

- **Messie**

  Wer in England oder in den USA von einem Messie spricht, könnte an den weltberühmten Fußballer Lionel Messie denken, nicht aber an eine Person, die ihre Wohnung unsauber und unordentlich hält. Das englische Originalwort, welches „Messie" zugrunde liegt, ist das Substantiv „mess", was „Durcheinander", „Unordnung" bedeutet. Adjektivisch heißt es „messy". Im Gegensatz zu dem eingängigen Denglisch wird eine unordentliche Person mit dem eher komplizierten Wort „compulsive hoarder" bezeichnet, wobei das englische „to hoard" „anhäufen", „horten" bedeutet.

- **Bodybag**

  Dieses denglische Wort ersetzt neuerdings das verbreitete „Backpack". Doch im Englischen hat Bodybag nichts mit einem Rucksack zu tun, denn man verpackt Leichen in einem Bobybag. Besser ist es dann, das englische „messenger bag" zu verwenden.

- **Public Viewing**

  Hierbei handelt es sich um einen englischen Begriff, der im Denglischen sinnentstellt verwendet wird. Ein

Public Viewing hat in Großbritannien oder in den USA nichts mit Fußballspielen und großen Bildleinwänden in der Öffentlichkeit zu tun, sondern mit der öffentlichen Darstellung von etwas. Das kann eine Ausstellung, aber auch das Aufbahren eines Toten sein. Ein Fußballspiel in der Öffentlichkeit zu schauen, wäre in Großbritannien z. B. ein „public screening".

- **Beamer**
  Dieses vielgenutzte Wort aus der alltäglichen Bürowelt bedeutet im Englischen etwas völlig anderes. Man benutzt es, um umgangssprachlich einen BMW zu bezeichnen. Für eine Präsentation würde man einen „projector" oder „video projector" nehmen.

- **Mobbing**
  Hierbei handelt es sich um ein rein deutsches Konstrukt. Wollen Sie von einer Person sprechen, die andere Menschen ständig belästigt, nutzen Sie den englischen Begriff „bullying".

- **Fitnessstudio**
  Will ein Engländer körperlich fit bleiben, würde er in kein denglisches Fitnessstudio gehen, sondern in ein „gym". Das ist die Kurzform des englischen „gymnasiums", das wiederum auch nichts mit einer Oberschule zu tun hat.

- **Oldtimer**
  Wie sehr vertraut ist den Deutschen doch dieses Wort für ein altes Auto. Doch so mancher Engländer würde denken, er sei selbst damit gemeint. Ein Oldtimer ist im Englischen nämlich ein alter Mann. Wollen Sie dagegen ein altes Auto bezeichnen, müssen Sie die Wörter „classic" oder „vintage car" verwenden.

Sie können aber auch denglische Wörter gezielt einsetzen, wie beispielsweise bei einem Small Talk mit jungen Leuten. Doch wie können Sie es lernen, ein korrektes Denglisch zu sprechen? Dazu folglich einige Tipps für den Alltag:

Wer zuhört, lernt. Diese alte Regel ist auch empfehlenswert, wenn Sie mehr über Denglisch erfahren wollen. Hören Sie einfach Menschen zu, die sich unterhalten und achten Sie dabei auf denglische Begriffe. Wenn Sie nicht sicher sind, notieren Sie sich die Wörter und überprüfen Sie diese in einem Denglisch-Wörterbuch oder aber im Internet. Sie können aber auch selbst kreativ werden und denglische Wörter erfinden. Dazu müssen Sie nur das Konjugieren üben. Bekanntlich wird dann aus einem Download das Verb „downloaden“, aus Performance wird „performen“, aus Push ein „pushen. Falls Sie eher der visuelle Lerntyp sind, gehen Sie mit offenen Augen durch Ihren Alltag. Vielleicht kommen Sie des Öfteren an dem einen oder anderen Meeting- oder Service Point vorbei oder Sie müssen im Büro kräftig „brainstormen“ oder „multitasken“ (Vgl. 43). Wenn es schlecht läuft, mag es auch manchmal „shitstorm“ von Kollegen geben. Es gibt aber beispielsweise auch zahllose Plakatwerbungen, auf denen Denglisch gesprochen wird. Aber auch Magazine sind voller Anglizismen, die Sie sich merken können.

Wenn Sie glänzen und aus der Masse der Sprecher herausfallen wollen, sollten Sie dies am besten mit Ihren englischen Fremdsprachenkenntnissen tun. Muttersprachler werden auf Sie aufmerksam werden, denn auch für Ihre Ohren sind so manche denglischen Konstruktionen eher „lärmend“. Wenn Sie bereits Englisch sprechen, bessern Sie es auf. Es ist zulässig, hier und dort in manchen Gesprächen, zu denen es auch inhaltlich passt, englische Begriffe einzuwerfen (Vgl. Anhang 4). Wenn Sie sich allerdings über Ihre Englischkenntnisse nicht sicher sind, hilft Ihnen vielleicht der folgende Kurztest weiter. Für jedes dieser gebräuchlichen englischen Wörter werden drei mögliche Erklärungen gegeben, von denen allerdings immer nur eine die richtige ist (Vgl. 44). Die meisten Wörter sind Ihnen sicher geläufig. Auf den letzten Seiten dieses Buches finden Sie die Auflösung.

Date
O Termin
O Obst
O Katzenrasse

dutyfree
O steuerfrei
O unecht
O schreiben

Key
O Bleistift
O Himmel
O Schlüssel

Bear
O Bär
O Pullover
O Hund

Display
O Bildschirm
O Arena
O Sportart

Face
O Roman
O Gesicht
O Bein

Exit
O Pferderasse
O Ausgang
O Schuhe

Dog
O Katze
O Hase
O Hund

Map
O Karte
O Tasche
O Tüte

Deal
O Tabak
O Vereinbarung
O Teller

Container
O Müll
O Tonne
O Holzbrett

Sun
O Hunderasse
O Sonne
O Blume

Bunny
O Hase
O Frisur
O Kleidungsstil

Flowers
O Rock
O Haus
O Blumen

Dressing
O Mülltonne
O Schere
O Salatsoße

Crew
O Besatzung
O Automarke
O Saft

Cornflakes
O Cerealien
O Suppe
O Haferbrei

Cockpit
O Pilotenkanzel
O Kirche
O Friseur

Chicken
O Abendkleid
O Erbsen
O Huhn

Crash
O Münzgeld
O Unfall
O Berg

Clip
O Heftklammer
O Gürtel
O Kochlöffel

Cartoon
O Schatulle
O Zeichentrick
O Liebesroman

Basics
O Schuh-Marke
O Nudelsauce
O Grundausstattung

Bodyguard
O Kleidungsstück
O Fitnessgerät
O Behüter

Boom
O Aufschwung
O Automarke
O Kaninchenrasse

Bestseller
O gut verkauftes Produkt
O Laden
O Thriller

Airbag
O Handtasche
O mit Luft gefülltes Kissen
O Automarke

Crack
O Meister
O Essen
O Keks

Ruler
O Lineal
O Stift
O Radiergummi

Entertainer
O Kugelschreiber
O Schauspieler
O Unterhaltungskünstler

Doping
O Wachmacher
O Frühstück
O Kaffee

Answer
O Gericht
O Schuh
O Antwort

Castle
O Film
O Schloss, Burg
O Handtasche

downloaden
O fließen
O herunterladen
O tanzen

Reality
O Echtzeit, Wahrheit
O Schirm
O Lüge

Clan
O Familienkreis
O Hut
O Jacke

Copyright
O Festplatz
O Eigentumsrecht
O Größenordnung

Event
O Lokal
O Veranstaltung
O Wind

Design
O Eis-Sorte
O Aussehen
O Nachspeise

Discount
O Laden
O Vergünstigung
O Hosenanzug

Countdown
O Schulfach
O Zählvorgang
O Elektriker

Cyberspace
O virtueller Raum
O Grillfleisch
O Kochbuch

chatten
O laufen
O unterhalten
O schwimmen

clever
O gewitzt
O ordentlich
O sauber

Cover
O Titelseite
O Buch
O Zeitung

Campus
O Unigelände
O Parkplatz
O Bowlingbahn

booten
O Boot fahren
O schwimmen
O hochfahren

Break
O Pause
O Sportart
O Jeans-Art

Brunch
O zweites Frühstück
O Müsli
O Brot

Background
O Kulisse
O Modestil
O Beilage

ausgepowert
O voller Energie
O kraftlos
O hübsch

7. Wortschatzerweiterung

Ihre Ausdrucksweise verbessert sich auch dann, wenn Sie Ihren Wortschatz erweitern. Wörter sind schlichtweg Alleskönner. Sie haben Macht, Stärke und Gewicht, können Meinungen schaffen, zerstören und beeinflussen, Stimmungen verändern, glücklich oder traurig machen. Nicht ohne Grund spricht man darum häufig von einer Wortmagie, die einen Sprecher beliebt oder die ein Buch unwiderstehlich machen. Das können Sie sich auch zunutze machen. Gezielte Übungen, die der Wortschatzerweiterung dienen, erhöhen auf ganz einfache Weise auch Ihr Denkvermögen. Sie lernen differenzierter zu denken, wodurch sich Ihre Sensibilität vielen anderen Dingen gegenüber ebenfalls erhöht. Sie haben einen besseren Zugang zur Fülle des Lebens.

Das eine bedingt das andere. Wer differenzierter und flexibler denken kann, handelt auch flexibler als andere Menschen. Sie bekommen aber auch ein anderes Bewusstsein für Ihre eigene Sprache, d. h., Ihr Sprachbewusstsein erweitert sich Schritt für Schritt. Dabei kommen Sie dann vielleicht auch dem einen oder anderen Sprachdefizit auf die Spur, welches durch Ihre eigenen Sprachmuster übermittelt wird. Es gibt zahlreiche Übungen, die Sie jeden Tag problemlos überall praktizieren können. Im Folgenden nun eine Auswahl, mit denen Sie effektiv Ihren Wortschatz erweitern können.

Nahrung für das Gehirn

Jeder Mensch hat einen bestimmten Wortschatz, den er täglich benutzt. Dieser besteht aus den Wörtern, mit denen er sich im Alltag zurechtfinden kann. Doch es geht um mehr als nur um diese gängigen Wörter. Es geht darum, Ihr Gehirn zu fordern und es mit Wort-Nahrung zu füttern. Doch das müssen Wörter sein, die Sie eben nicht zigmal am Tag benutzen. Es müssen seltene und anspruchsvolle Wörter sein. Gehen Sie in eine Buchhandlung und suchen Sie sich ein Buch aus, welches nicht auf der Spiegel-Bestseller-Liste steht, sondern eher in der zweiten Reihe zu finden ist, weil es einfach zu kompliziert und anspruchsvoll für viele Leser ist.

Wenn Sie wissenschaftsinteressiert sind, verzichten Sie also auf eine populäre Aufarbeitung Ihrer Lieblingsthemen und wagen Sie sich an die wirkliche Fachliteratur. Wenn es mehr die Geisteswissenschaften sind, die Sie begeistern, schauen Sie sich auch nach Werken vergangener Epochen um und erfahren Sie, wie bestimmte Dinge, in anderen Zeiten gesehen und bewertet wurden. Damit verbessern Sie nicht nur Ihren Wortschatz, sondern erweitern auch Ihren Wissenshorizont. Auf jeden Fall sollten die Bücher, die Sie lesen, zu Anfang für Sie eher unbequem und nicht leicht lesbar sein.

Wenn Sie lesen, sollten Sie immer einen Stift und Papier griffbereit halten, um jedes Wort, auf das Sie beim Lesen stoßen und das Ihnen nicht bekannt ist, sofort zu notieren. Es geht aber auch darum, jene Wörter Ihres passiven Wortschatzes mit auf die Liste zu setzen, die Sie zwar kennen, aber so gut wie nie gebrauchen. Sie können entweder kapitelweise oder blattweise vorgehen. Auf jeden Fall müssen Sie dann die Wörter, die auf der Liste stehen und die Sie nicht kennen, in einem Wörterbuch oder aber auch online nachschlagen. Ist dies geschehen, dann markieren Sie nun drei von diesen neuen Wörtern. Man nennt diese Übung auch die „Magischen Drei“ (Vgl. 45), denn es sind diese drei Wörter, die Sie am nächsten Tag so oft wie möglich bei Ihren Gesprächen mit Arbeitskollegen, Freunden oder Familienmitgliedern nutzen müssen.

Es geht darum, dass Sie diese drei magischen Wörter lebendig werden lassen. Sie können aber auch ein Gespräch bewusst auf ein bestimmtes Thema lenken, bei dem Sie diese Wörter nutzen können. So könnten Sie Ihrem Gegenüber beispielsweise sagen: „Gestern habe ich das Buch XY von XY gelesen. Es hat mir sehr gefallen. Mich würde interessieren, was Sie davon halten.“ Oder: „Kennen Sie das Buch XY, das sich mit dem Thema XY beschäftigt?“

Sobald Sie merken, dass Sie diese Wörter in Ihren aktiven Wortschatz aufgenommen haben, markieren Sie drei weitere Wörter und gehen Sie genauso vor. Ihr Wortschatz wird sich dadurch schnell erweitern, und wenn Sie das Buch durchgelesen haben, werden Sie nicht nur den Inhalt besser kennengelernt haben, Sie werden auch Ihr Sprachbewusstsein sensibilisiert haben.

Austausch von Wörtern

Eine andere Übung zur Verbesserung Ihrer Ausdrucksweise ist das Austauschen von Wörtern. Ihre Aufgabe ist es dabei, fünf der am häufigsten von Ihnen gebrauchten Wörter über einen Zeitraum von 7 Tagen in Gesprächen wegzulassen (Vgl. 46).

Es geht also erstens um die Auslassung, und zweitens darum, diese fünf Wörter durch fünf andere Begriffe bewusst zu ersetzen. So können Sie z. B. das Wort „Handy“, „PC“ oder „Auto“, „Bahn“, „Bus“ oder aber auch „Wetter“, „Sonne“, „Regen“ weglassen. Statt Handy sagen Sie dann „mobile“, wobei Sie gleichzeitig ein englisches Wort in Ihren aktiven Wortschatz aufnehmen. Statt PC kann es „Rechner“ sein, statt Auto „Wagen“, statt Bahn und

Bus „öffentliche Verkehrsmittel". Wörter wie Wetter, Sonne und Regen können Sie gut in Sätzen umschreiben, wie beispielsweise: „Es ist heute kalt, warm, heiß oder nass draußen."

Wenn es um ganze Sätze oder Sprachmuster geht, können Sie folgendermaßen vorgehen: Folgende Wörter bilden das Gerüst eines Satzes, den Sie sehr oft am Tag wiederholen: Büro, Brunch, Sushi, essen. Der gängige Satz könnte lauten: „Wenn ich im Büro bin, gehe ich zum Brunch immer Sushi essen". Stattdessen sagen Sie dann eine Woche lang: „Wenn ich arbeite, brunche ich in der Regel beim Japaner", oder „(...) besuche das japanische Restaurant".

Was so einfach erscheinen mag, ist in der Praxis recht schwer, denn Sie werden merken, dass Sie sich anfangs stark konzentrieren müssen, um nicht in Ihre gewohnten und sich wiederholenden Sprachmuster zu verfallen. Außerdem müssen Sie bei Bedarf während eines Gesprächs schnell Umschreibungen finden. Wenn Ihnen eine Woche zu lang erscheint, versuchen Sie es drei Tage lang. Übung macht den Meister.

Synonyme sammeln

Diese Übung kann eigentlich mit der vorherigen kombiniert werden, obwohl man sie auch abwandeln kann. In der Praxis bedeutet das, dass Sie die gängigsten Standardwörter, die Sie im Alltag nutzen, durch Alternativen ersetzen. Sie machen sich eine Liste dieser Wörter und versuchen, mehrere Synonyme zu finden (Vgl. 47). Nehmen Sie sich dann vor, jeden Tag eines dieser Ersatzwörter einzusetzen, wann immer es Sinn macht.

Für das Wort „essen", welches Sie mehrfach am Tag benutzen, können Sie z. B. die eher formellen Synonyme „dinieren", „speisen" verwenden, aber auch auf so umgangssprachliche Sprachbilder wie „schnabulieren“, „spachteln“, „sich einpfeifen“ oder „sich reinziehen“ zurückgreifen.

Das Wort „gehen“ könnte ersetzt werden durch „laufen“, „latschen“, „schlendern“, „flanieren“, „marschieren“. Wenn Sie diese Wörter alternativ verwenden, machen Sie sich Gedanken darüber, inwiefern Sie die Aussage, die Sie treffen wollen, durch ihren Gebrauch bewusst verändern. Welche Atmosphäre wird geschaffen, wenn Sie statt „gehen“ „latschen“ sagen?

Antonyme sammeln

Synonyme sind Ersatzwörter, Wortalternativen, die Ihren sprachlichen Ausdruck mehrdimensionaler und für andere Menschen natürlich interessanter machen. Ein anderer Worttypus sind Antonyme: Gegenwörter.

Gegenwort-Übungen sind einfach zu praktizieren. Nehmen Sie sich Stift und ein Blatt Papier und fangen Sie an, alle Wortpaare zu notieren, die Ihnen in den Kopf kommen. Das werden einige sein. Aber es sind natürlich Wörter bzw. Antonyme, die Sie kennen:

Mann	Frau
groß	klein
süß	sauer
Gold	Silber
Mond	Sonne
Anziehung	Abstoßung

Doch es geht auch um jene Wörter, die Sie nicht kennen. Schritt 2 besteht also darin, Wörter aus schwierigen Texten zu wählen und dann zu versuchen, das jeweilige Gegenwort zu finden. Dabei wird Ihnen auffallen, dass diese oft aus der Bildungssprache stammen.

Was beispielsweise sind die jeweiligen Antonyme zu „progressiv", „bipolar", „extern", „adäquat" oder „Indoktrination"?

Die Kunst der Umformulierung

Eine der effektivsten Übungen, die es gibt, ist die es Umformulierens von Sätzen, die Sie lesen oder hören.

Die Praxis kann darin bestehen, dass Sie ein Kapitel eines Buches auswählen und den Inhalt der Sätze mit eigenen Worten wiedergeben. Dabei ist es auch wichtig, auf die Länge der Sätze zu achten. Der amerikanische Schriftsteller Hemingway schrieb sehr kurze Sätze mit einem einfachen Vokabular, während Edgar Allen Poe atmosphärisch sehr dichte Sätze verfasste und dabei oft auch französische Lehnworte verwendete. Würden Sie beispielsweise ein Kapitel aus einem Hemingway-Werk auswählen, wäre es Ihre Aufgabe, die Sätze so umzuformulieren, dass sie länger werden (Vgl. 48). Und wie würde sich Hemingway anhören, wenn seine Sätze von Edgar Allen Poe verfasst worden wären? Welche Wörter ließen sich vielleicht sogar durch Lehnwörter ersetzen? Dabei ist es natürlich gestattet, dass Sie aktiv nach alternativen Ausdrucksformen im Internet suchen, wenn Ihnen selbst keine bekannt sind. Wie würden die Sätze von Hemingway klingen, wenn Sie z. B. adjektivisch ausgebaut werden würden? Doch dabei gilt immer, nicht den Inhalt der Sätze zu verändern. Die Grundaussage muss immer erhalten bleiben.

Eine Variante ist es, wenn Sie sich einen Text aussuchen und diesen nach den beiden Vorbildern Hemingway und Poe umformulieren. In diesem Fall hätten Sie am Ende einer jeden Übung drei Sätze: Das Original, die kurze und relativ einfach strukturierte Hemingway-Fassung und die längere und komplexere Poe-Fassung. Sie können diese Übung selbstverständlich nicht nur mit Belletristik und Dichtkunst, sondern auch mit wissenschaftlichen Texten durchführen. Das ist ganz Ihnen überlassen.

Textzusammenfassungen

Bei dieser Übung geht es darum, besonders sprachlich oder inhaltlich schwierige Texte zusammenzufassen, die Ihnen einiges abverlangen. Die Grundregel sollte immer sein, es dem Gehirn nicht zu einfach zu machen. Es soll gefordert werden, nur dann können sich auch neue Synapsen bilden und Ihre Leistungsfähigkeit in sprachlicher Hinsicht gesteigert werden.

Sie wählen also Texte beliebigen Inhalts aus, die anspruchsvoll sind oder die Sie vielleicht auch nur mühevoll oder teilweise verstehen. Dann gehen Sie daran, die Kernaussage des Textes mit Ihren eigenen Worten zu formulieren. Wenn Sie den Schwierigkeitsgrad dieser Übung erhöhen wollen, versuchen Sie, alle Fachwörter, die im Text vorkommen mögen, durch andere Wörter, also Synonyme, zu ersetzen. Damit können Sie die Übung, bei der es um das Sammeln von Synonymen geht, gewissermaßen auf ein noch höheres Niveau stellen. Haben Sie die Kernaussage formuliert, sprechen Sie diese laut zu sich selbst. Oder aber Sie fragen einen Freund, dem Sie Ihre Umformulierung vorstellen können. Diese Variante hat den Vorteil, dass Sie auch ein Feedback bekommen können, welches Sie in die Lage versetzt, sich auch verbessern zu können. Ist die Umformulierung verständlich? Sind alle Kernpunkte des Inhalts enthalten oder fehlt vielleicht etwas?

Lern-Modelle

Gibt es Menschen, denen Sie gerne zuhören? Sind es bekannte Redner? Fachleute, die Vorträge geben? Politiker, die Interviews geben? Oder vielleicht ein Schauspieler, dessen Film-Rhetorik Sie besonders begeistert? Egal wessen Wortschatz und Wortgewandtheit Sie fasziniert, nutzen Sie diese Person als Lern-Modell. Das bedeutet, dass Sie Sätze, die gesagt werden, für sich in Gedanken wiederholen. Je geistreicher und anspruchsvoller, desto besser. Es mag aber auch der eine oder andere Fall als Vorbild für einen gut aufgebauten Small Talk infrage kommen. Manchmal sind es kreative Redewendungen, die aus anderen Sprachen übersetzt werden, die sehr effektiv sind.

Die gedankliche Wiedergabe ist Schritt 1 dieser Übung. Schritt 2 besteht darin, die Sätze zu notieren, damit Sie sie immer parat haben. Anschließend beginnen Sie damit, die gefundenen Formulierungen selbst anzuwenden. Doch übertreiben Sie es nicht. Alles muss nicht immer passen. Doch je öfter Sie die neuen Wendungen verwenden, desto schneller werden sie in Ihren aktiven Wortschatz aufgenommen.

Lesen und immer wieder lesen!

Das bildungssprachliche Niveau trägt nicht ohne Grund diese Bezeichnung. Lesen bildet und Lesen führt dazu, dass sich Ihre Ausdrucksformen verbessern. Je mehr Wörter Sie kennen und gebrauchen können, desto differenzierter, präziser und flexibler wird sprachlicher Ausdruck. Lesen eröffnet immer wieder neue Horizonte. Es ist besonders das laute Lesen, das einige Vorteile bietet, die Sie nutzen sollten. Lautes Vortragen involviert einen weiteren wichtigen menschlichen Sinn: Den Hörsinn. Schon im frühesten Kindesalter lernt der Mensch durch Hören und Zuhören. Hören Sie sich also selbst zu und verbessern Sie sich, wo Sie nur können. Dabei sind die Themen Ihnen überlassen. Natürlich sollte Bildung immer breit gefächert sein. Ein umfangreiches Allgemeinwissen verschafft Ihnen in vielen Situationen immer wieder Vorteile gegenüber anderen. Wenn Sie Sachbücher bevorzugen, betrachten Sie es als Challenge, sich mit Belletristik zu beschäftigen. Jedes Genre hat seine spezifische Sprache. Je mehr Einblicke Sie erhalten, desto mehr neue Horizonte erschließen sich Ihnen.

Die Wortfelder-Methode

Bei einem Wortfeld handelt es sich um eine Anzahl von Wörtern, die um ein Zentral- oder Hauptwort gebildet werden können. Dabei geht es immer um die Sinnverwandtschaft aller Wörter, die zu dem Wortfeld gehören.

Ein sogenannter Wort-Cluster entsteht z. B. um das Wort „sprechen“, indem Sie Wörter wie „rezitieren“, „faseln“, „murmeln“, „raunen“, „flüstern“, etc. hinzusetzen. Grundsätzlich handelt es sich hierbei um eine Variante der oben erläuterten Synonymfindung-Übung. Wenn Sie diese Übung erweitern wollen, sollten Sie den Wort-Cluster mit Fremdwörtern anfüllen (Vgl. 49).

Werden Sie Autor

Es ist sicherlich der Traum vieler Menschen, selbst Bücher zu verfassen. Warum werden Sie also nicht Autor?

Das bedeutet nicht, dass Sie ein Buch verlegen sollen. Es geht nur darum, dass Sie selbst kreativ schreiben. Besser können Sie Ihren Wortschatz nicht erweitern. Denn während des Schreibprozesses nutzen Sie alle die hier aufgeführten Methoden zur Wortschatzerweiterung und viele andere mehr. Kreatives Schreiben ist bis zu einem bestimmten Grad erlernbar. Dafür können Sie Seminare besuchen. Doch setzen Sie sich nicht das Ziel, den Literaturnobelpreis zu gewinnen.

Am besten ist es jedoch, erst einmal drauf loszuschreiben, ohne sich ein bestimmtes Ziel zu setzen. Dafür eigenen sich kurze Texte, die Blog-Charakter haben, aber auch Kurzgeschichten.

Schreiben Sie beispielsweise etwas aus Ihrem eigenen Leben, kombinieren Sie Autobiografisches mit der Verbesserung Ihrer Ausdrucksweise. In diesem Fall ist der Weg erst einmal das Ziel. Wenn Sie Spaß daran finden, können Sie sich vornehmen, einen kurzen Roman zu verfassen. Setzen Sie sich aber nicht unter Druck. Der Prozess des Schreibens ist nicht nur kreativ, das regelmäßige Hinterfragen und Analysieren von Sprache und Stil führt dazu, dass Sie Ihr Sprachbewusstsein, sowie Ihr strukturelles Denken im Allgemeinen aus der täglichen Schreibpraxis heraus effektiv erweitern. Sie können aber auch einen Freund fragen, das Geschriebene zu lesen und es zu kommentieren, was Schreibstil, Sprachwahl und Struktur betrifft. Dabei wird Ihnen z. B. auch schnell auffallen, ob Ihre Satzstruktur zu kompliziert, zu undeutlich, zu lang oder zu kurz ist. Und Sie werden Spaß daran haben, zu sehen, wie sich Ihr eigener Stil herausbildet, den Sie dann auch in Ihren Alltag übernehmen können.

8. Small Talk: Kleines Gespräch mit großer Wirkung

Die Übungen zur Erweiterung Ihres Wortschatzes und zur Verbesserung Ihrer allgemeinen Ausdrucksweise haben stets einen theoretischen und praktischen Aspekt. Reine Praxis dagegen ist der sogenannte Small Talk, das Alltagsgespräch, das Sie überall führen können, im Bus, im Büro, im Aufzug, im Geschäft oder auf der Straße. Der Small Talk entsteht aus einer gegebenen Situation heraus, ist also spontan und wird in der Regel auf lockere Weise geführt. Es existieren keine festen Regeln, wie Sie einen Small Talk zu führen haben. Keine „festen" …

Es existieren wohl aber ungeschriebene Regeln, um die es hier gehen soll.

Viele Menschen mögen Small Talk nicht, er ist ihnen zu inhaltlos, zu oberflächlich, zu unwichtig. Sie vermeiden ihn gerne. Obwohl es nicht unrichtig ist, zu behaupten, dass ein Small Talk, der Schwatz zwischendurch, nicht gerade zu den tiefgehenden und anspruchsvollsten Gesprächsformen gehört, ist es ein wenig zu kurz gedacht, ihn vollends als unbedeutend abzutun. Nicht selten nämlich beginnen weiterführende Gespräche in Form eines formlosen Small Talks, bei dem sich die späteren Gesprächspartner abtasten können. Insofern kann der Small Talk ein entscheidender Faktor für Ihren Erfolg sein, den Sie nicht außer Acht lassen sollten.

Small Talk kann für folgende Situationen wichtig sein (Vgl. 50):

- Erste Kontaktaufnahme mit unbekannten Personen, wie z. B. bei dem Besuch eines Vortrags oder eines Seminars.
- Einstieg in eine neue berufliche Tätigkeit, bei dem Sie im lockeren, ungezwungenen Gespräch mit Ihren zukünftigen Kollegen ein erstes Bild von sich abgeben können.
- Einleitung in Geschäftsgespräche.
- Vorstellungsgespräch, bei dem die erste Kennenlern-Phase oft wichtiger ist als das übrige Gespräch. Nicht selten wird der Small Talk aber auch als eine Art Test gewertet, den es zu bestehen gilt.
- Ungezwungener Zeitvertreib, bei dem Ihr lockeres Auftreten, Charisma und Ihre treffende wie kurzweilig-amüsante Wortwahl auch so manch unerwartete Tür öffnen kann.

Der Small-Talker glänzt durch unverbindliches Parlieren, das dennoch aber auch verbindlich werden kann. Das bedeutet aber auch, dass Sie beim „Smalltalken" immer auch Ihre Leichtigkeit bewahren sollten. Wer sich sofort anderen gegenüber beweisen will, andere womöglich ausfragt, wird oft unbewusst bereits abgelehnt. Was den Übergang von der mühelosen Kommunikation zur platten Aufdringlichkeit betrifft, so verfügen nicht wenige Menschen über eine ganz besondere Gabe.

Ein Small Talk besteht grundsätzlich aus den folgenden Grundelementen, die natürlich erweitert werden können:

- Begrüßung
- Kurz gehaltenes, unangestrengtes Gespräch über Alltagsthemen
- Tolerante oder sogar humorvolle Sprachwahl
- Optional: Storytelling, was bedeutet, dass Sie eine kurze unaufdringliche und wenn möglich amüsante Geschichte

aus Ihrem Leben erzählen. Dabei geben Sie ein wenig von sich preis und signalisieren Ihrem Gegenüber die Bereitschaft zu weiteren Gesprächen

Wie oft aber ist es schon geschehen, dass Sie ein Alltagsgespräch führten und danach der Ansicht waren, Sie hätten bei diesem Gespräch irgendwie versagt? Nur, warum versagt? Aus diesem Grund ist es wichtig, den Small Talk als einen wichtigen Bestandteil Ihrer Challenge zur Verbesserung Ihrer Ausdrucksweise anzusehen. Fällt Ihnen das lockere Herumgerede schwer und finden Sie, dass Sie dabei unbeholfen wirken und nicht so „rüberkommen", wie Sie es eigentlich wollen, dann gilt es, sich nachstehende Tipps genau zu merken:

Vielleicht haben Sie jene Einleitungssätze gewählt, die eigentlich ein No-Go für den Small Talk sind – dennoch aber sehr verbreitet sind. „Schöner Tag heute?", „Wie geht's?" oder „Waren Sie schon mal hier?" sind solche Phrasen, die Sie auf keinen Fall gebrauchen sollten, sofern Sie eine Person noch nicht kennen und Sie sich mit dieser auch wirklich unterhalten wollen.

Als Grundvoraussetzung gilt: Auch wenn das Gespräch locker verläuft, zeigen Sie ein ernst gemeintes Interesse an Ihrem Gesprächspartner. Begegnen Sie diesem mit Respekt und nehmen Sie nicht von vornherein eine ablehnende Haltung ein, die auch körpersprachlich kommuniziert wird. Auch der Small Talk sollte gelingen. Sprechen Sie darum immer auf Augenhöhe und vermeiden Sie eine Form von Gesprächshierarchie, bei der Sie beispielsweise Ihr Gegenüber nicht ausreden lassen oder es regelrecht „interviewen" bzw. ausfragen. Ein solches Gespräch wird nicht lange dauern.

Es gibt einen einfachen Trick, den Beginn eines Small Talks zu überspielen, wenn Sie unsicher sein sollten. Stellen Sie Fragen.

Damit gestatten Sie Ihrem Gesprächspartner, selbst zu sprechen, wobei es natürlich wichtig ist, auf die Antworten auf Ihre Fragen auch immer einzugehen. Lassen Sie sie niemals unbeantwortet. Auf diese Weise würden Sie nur das zarte Band der jungen Kommunikation durchschneiden. Das bedeutet auch, dass Sie auf Ihr Gegenüber einzugehen haben. Hören Sie aktiv zu und zeigen Sie das auch körpersprachlich, indem Sie oft zustimmend nicken. Dabei ist es nicht so wichtig, ob Sie allem, was gesagt wird, auch zustimmen. Kommentieren können Sie das Gesagte zu einem späteren Zeitpunkt dann immer noch.

Nachstehend einige Tipps für Fragen, die Sie als Eisbrecher eines Small Talks stellen können (Vgl. 51):

- ***„Hi, ich heiße XY. Und wie heißt Du?“***
  Das ist der direkte Einstieg in einen Small Talk. Er ist ohne Schnörkel und signalisiert dem Gegenüber zum einen, dass Sie an einem Kennenlernen interessiert sind. Zum anderen zeigt diese einleitende Frage aber auch auf, dass Sie sich an Gesprächsregeln halten. Sie stellen sich persönlich mit Namen vor und erwarten das auch von Ihrem Gesprächspartner. Wenn dieser nicht darauf eingehen sollte, registrieren Sie das, führen aber das Gespräch weiter.

- ***„Kennst Du die Leute hier schon lange?“***
  Mit dieser Frage gelingt es Ihnen, herauszufinden, ob Sie mit der betreffenden Person gemeinsame Freunde haben. Das wäre ein gutes Thema für das weitere Gespräch. Gemeinsamkeiten sind immer der beste Gesprächsanker. Außerdem sind sie in der Regel vertrauensbildend. Diese Frage kann an die Situation angepasst werden. Sie können also auch fragen: „Wo hast Du Person XY kennengelernt?“

- ***„Du bist nicht von hier?"***
  Alternativ können Sie fragen: „Woher kommst Du?" Das ist zweifellos ein zeitloser Klassiker der Einleitungen, mit dem jeder Small Talk gut beginnen kann. Je nach Antwort können Sie das Gespräch weiterführen über Ihre Lieblingsstädte, Lieblingsrestaurants oder auch Reiseziele. Wenn Sie selbst einmal dort waren, von wo Ihr Gegenüber kommt, umso besser. Vermeiden Sie es nicht, von Ihren Erlebnissen zu berichten.

- ***„Was ist Ihr Beruf, wenn ich fragen darf?"***
  Auch diese Frage ist der Klassiker schlechthin, denn sie ebnet den Weg für zahlreiche weitere Fragen an Ihr Gegenüber. Allerdings punkten Sie damit nicht gerade in Hinblick auf einen originellen Gesprächseinstieg.

- ***„Was lesen Sie gerade?"***
  Viele Gesprächspartner empfinden diesen Einstieg als interessant, da sie aufgefordert werden, über das zu sprechen, was sie aktuell fasziniert oder inspiriert. Anschlussfragen nach Autor oder privaten Interessen bzw. privatem oder beruflichem Bezug sind hierbei möglich.

- ***„Was inspiriert Sie daran besonders?"***
  Wenn Sie bereits etwas über Ihr Gegenüber erfahren haben, eignet sich diese Frage als weiterer Eisbrecher. Ihr Gesprächspartner wird von Ihnen aufgefordert, über seine eigenen Inspirationsquellen nachzudenken.

- ***„Wie war Ihr Urlaub?"***
  Diese Frage eignet sich nur dann, wenn Sie Ihren Gesprächspartner bereits kennen und Sie ihn beispielsweise im Aufzug treffen. In der Regel folgt auf diese Frage bzw. auf diese Antwort ein vergleichendes Gespräch, bei

dem Sie auch über Ihren letzten Urlaub sprechen. Der Zweck ist es, Gemeinsamkeiten zu entdecken, die beispielsweise bei einem privaten Treffen weiter vertieft werden könnten.

- ***„Wie fanden Sie den Redner?“***
  Lernen Sie nach einem Vortrag jemanden kennen und beginnen Sie einen Small Talk, gehört diese Frage zweifelsohne zu den Klassikern. Sie kann in einer anderen Situation auch lauten: „Wie fanden Sie den Film?“, oder „Wie fanden Sie die Ausstellung/das Konzert?“ Dabei sollten Sie sich aber mit Ihrer eigenen Meinung zurückhalten, besonders dann, wenn Sie merken, dass Ihr Gegenüber anderer Ansicht ist.

- ***„Was haben Sie vor Ihrem Beruf als XY gemacht?“***
  Das ist eine Anschlussfrage, die Sie stellen können, wenn sich Ihr Gegenüber bereits vorgestellt hat. Auch hierbei gilt aber, ein ernstes Interesse zu zeigen. Je mehr Sie auf diese Weise über einen anderen Menschen herausfinden, desto besser können Sie einschätzen, welches Verhältnis Sie zu ihm aufbauen können. Das ist besonders im beruflichen Bereich wichtig.

- ***„Was machen Sie eigentlich hier?“***
  Diese Frage ist nicht ungefährlich, hängt Sie doch von der Situation und dem Tonfall ab. Wird Sie richtig gestellt, öffnet Sie Ihre Beziehung zu Ihrem Gegenüber, denn sie eignet sich dafür, Gemeinsamkeiten auszutauschen.

- ***„Das ist aber schön! Wo haben Sie das gekauft?“***
  Diese Frage ist natürlich nur in bestimmten Situationen zu stellen, wie beispielsweise auf einer Party oder Feier. Sie signalisiert Ihrem Gegenüber ein Lob für den persön-

lichen Geschmack und macht Sie sympathisch, bevor der Small Talk überhaupt richtig begonnen hat.

- ***„Wir wäre es mit einem Drink?"***
  Stehen Sie auf einer Party allein vor einer Bar oder einem Buffet, ist diese Frage angebracht. Als der ideale Beginn eines Small Talks sind aber der Tonfall und die Körpersprache wichtig, denn allzu leicht kann die Frage aufdringlich wirken. Eine bessere Variante ist die, bei der Sie den Drink der betreffenden Person gleich persönlich zum Anstoßen anbieten. Wenn Sie dann auf die Vorstellung „Mein Name ist Bond, James Bond ..." verzichten, stehen die Chancen gut für eine gelungene Small-Talk-Einführung.

Nachstehend einige wichtige Regeln für den erfolgreichen Small Talk (Vgl. 52):

- Übernehmen Sie Verantwortung für den Small Talk.
- Sprechen Sie eine offene Körpersprache: Lächeln, Blickkontakt halten, keine hektischen Bewegungen.
- Keine Themen ansprechen, wie Krankheiten, Eheprobleme, Beziehungsprobleme, finanzielle Belange, allzu brisante politische Ereignisse usw.
- Lästern und tratschen Sie nicht.
- Stellen Sie Ihre Fragen offen und deutlich.
- Halten Sie den Fluss des Gesprächs immer aufrecht.
- Seien Sie nicht gesprächsfaul, sondern immer gesprächig.
- Versuchen Sie nicht, zu intelligent zu wirken.
- Versuchen Sie, so fesselnd und spannend wie möglich zu erzählen.
- Zeigen Sie immer Interesse an den Themen des Gegenübers.
- Suchen Sie nach Gemeinsamkeiten.

- Werden Sie nicht zu einem Interviewer.
- Nutzen Sie einen Small Talk als Gelegenheit, um dazuzulernen und sich auszuprobieren.

Keine Gedankenspiele!

Viele Menschen, die Probleme mit dem Smalltalken haben, praktizieren unnötige Gedankenspiele, mit denen die Gunst des Augenblicks, ein Gespräch zu beginnen, verspielt wird. Seien Sie darum nicht zu selbstbezogen und verlassen Sie Ihre Gedankenspirale. Mit dieser Gedankenspirale ist ein Verhalten gemeint, bei dem Sie immer erst über etwas nachdenken, abwägen und bewerten, bevor Sie es tun oder sagen. Treffen Sie auf eine Ihnen fremde Person, verunsichern Sie sich mit diesem Verhalten nur selbst. Das hat zur Folge, dass Sie angespannt und verkrampft wirken.

Folgende Gedanken mögen Ihnen dann beispielsweise durch den Kopf gehen (Vgl. 53):

- Was soll ich jetzt nur sagen?
- Was habe ich an? Bin ich richtig gekleidet? Sind meine Haare gekämmt?
- Was mache ich, wenn die Person XY nicht auf meine Frage reagiert?
- Wie kann ich das Gespräch fortführen, ohne dass es peinlich wirkt?
- Welche Körperhaltung soll ich annehmen? Cool und entspannt oder formell?
- Kann man mir ansehen, dass ich unsicher bin?

Diese oder ähnliche Fragen führen dazu, dass Sie sich selbst und das Gespräch blockieren. Es wäre kein Wunder, wenn Ihnen bei solchen Fragestellungen in Ihrem Kopf nichts einfällt, mit was Sie einen Small Talk richtig beginnen können. Sie sind wie paralysiert.

Nachstehend einige Tipps, wie Sie das abändern können:

- Gehen Sie nach innen und vertrauen Sie Ihrem Selbstbewusstsein.
- Fokussieren Sie sich nicht auf andere Menschen, sondern einzig auf sich selbst.
- Denken Sie nicht darüber nach, wie Sie das Gespräch führen, sondern hören Sie stattdessen Ihrem Gegenüber zu und gehen Sie immer auf die Person ein.
- Wenn Sie sich nach außen fokussieren, werden Ihnen zahlreiche Dinge auffallen, die Sie als Gesprächsanker verwenden können.

Emotionen nicht verbergen!

Small Talks leben von Spontanität und der Tatsache, dass sie ungeplant sind und sich daher vollkommen frei entwickeln können. Wer spontan ist, zeigt in der Regel auch emotionale Reaktionen.

Emotionen verbinden. Besonders bei einem Small Talk. Außerdem dienen sie dazu, andere Menschen einzuschätzen. Die emotionale Ebene ist für viele Menschen daher für die Bewertung einer Person entscheidender als die intellektuelle Ebene. Und wer einen spannenden Small Talk möchte, muss ohnehin bereit sein, sich emotional zu vernetzen und auch auf die Emotionen anderer Personen einzugehen. Empathielose Roboter führen keine Small Talks, die man als solche bezeichnen könnte. Zu einem emotionalen Gespräch gehören eine offene Mimik und Gestik, eine unverkrampfte Körpersprache und eine Stimme, die bewegt und empathisch klingt. Außerdem ist es wichtig, das Gegenüber nie aus den Augen zu verlieren, was bedeutet, dass emotionale Äußerungen der anderen Person immer auch entsprechend nonverbal, paraverbal oder verbal beantwortet werden sollten. Wenn Sie einmal eine Ansicht nicht teilen können, schweigen Sie nicht, sondern antworten Sie kurz mit „Wow!“, „Toll!“, „Wirklich?“, „Echt?“, „Nicht zu fassen“.

Ansprüche sind Hindernisse!

Bei einem Small Talk können zu hohe Ansprüche, die Sie an Ihr Gegenüber stellen, zu einem Hindernis werden, mit dem Sie jedes Gespräch schnell beenden. Das gilt aber auch für Sie. Nicht jeder Mensch äußert sich immer auf ideale Weise. Jeder macht Fehler, jeder sagt Dinge, die falsch sind oder die er bereut. Aus diesem Grund sollen Sie auch Ihre eigenen Worte nicht auf die Goldwaage legen, wenn Sie einen Small Talk führen wollen. Ein Small Talk ist ein Sachgespräch. Seien Sie also auch bereit, einmal etwas weniger Intelligentes zu sagen. Das spielt keine Rolle. Andernfalls werden Sie unnötigerweise nur gehemmt in einen Small Talk gehen. Seien Sie locker in der Ausdrucksweise und drehen Sie nicht jedes Wort vorher im Kopf zehnmal hin und her, bevor Sie es aussprechen. Seien Sie einfach auch mit dem zufrieden, was Ihnen so rausrutscht. Das wird Ihnen niemand übelnehmen.

Aber auch der umgekehrte Weg ist falsch. Gehen Sie nicht davon aus, dass Ihr Gegenüber, auch wenn es ein Universitätsprofessor sein sollte, immer nur Intelligentes von sich gibt. Gerade Menschen, die tagtäglich niveauvolle Gespräche führen, sind froh darüber, mal bei einem Small Talk abschalten zu können. Ferner ist es wichtig, dass Sie sich im Klaren darüber sind, dass es nicht um einen Wettkampf geht, der von Ihnen gewonnen werden muss.

Auch ist es nicht notwendig, ständig und überall die eigene Meinung kundzutun. Es ist manchmal besser, mit sich selbst ein wenig hinter dem Berg zu halten, aber genügend zu sagen, womit ein Small Talk erfolgreich verlaufen kann.

Darum folgende Tipps:

- Bewerten Sie nicht immer das, was gesagt wird.
- Betrachten Sie den Small Talk eher als ein Spiel oder einen schönen Zeitvertreib, aus dem sich auch etwas entwickeln kann. Wie bei einem Spiel ist jeder einmal dran, etwas von sich zu geben, ohne dass es genau vorhergeplant sein muss.
- Interpretieren Sie nicht übermäßig die Reaktionen der Smalltalker. Das kostet Energie und lenkt Ihre Gedanken ab.
- Vermeiden Sie es, sich mit anderen zu vergleichen. Lassen Sie das Gespräch so zu, wie es verläuft.

Keine toten Themen, bitte!

Es sind meistens jene Menschen, die gehemmt in einen Small Talk gehen, die sich an sogenannten toten Themen festhalten. Sie werden solche Gespräche aus der eigenen Erfahrung kennen. Sie fangen ein Gespräch an und hoffen schon sehr bald, dass es wieder zu Ende gehen möge, weil es Sie schlichtweg „nervt". Themen müssen in einem Small Talk nicht abgehandelt werden, dafür gibt es andere Gelegenheiten.

Versäumen Sie es darum nicht, das Thema zu wechseln. Das können Sie mehrfach tun. Doch achten Sie auf Ihr Gegenüber, denn es kann sein, dass derjenige gewillt ist, ein Thema weiter zu behandeln. Wechseln Sie das Thema in einem solchen Fall, würde das nicht sehr höflich erscheinen.

Auf alle Fälle ist zu vermeiden, dass der Small Talk an einen Punkt gelangt, an dem sich die Teilnehmer nur noch anschweigen. Mit ein bisschen Feingefühl ist das zu schaffen. Im Notfall kehren

Sie zu einem Thema zurück, welches Sie schon einmal zu einem früheren Zeitpunkt hatten und über das Sie sich gut unterhalten konnten.

Vorsicht vor dem Wortschwall!

Wie oft haben Sie schon erlebt, dass Sie ein Gespräch führen wollten, bei dem Ihr Gegenüber nicht auf das Gesprächstempo achtete? Entweder sind Sie zu weit oder aber Ihr Gesprächspartner ist noch mit einem Punkt beschäftigt, den Sie längst abgehakt haben. Das Gleichgewicht zu halten, mag nicht gerade leicht sein. Es sollte aber angestrebt werden. Andernfalls reden Sie vielleicht zu viel und „überreden" Ihr Gegenüber, oder aber Sie kommen nicht zu Wort, weil die andere Person Sie mit ihrem Wortschwall überfällt.

Es gibt einen einfachen Trick, um einen Small Talk in einem Gleichgewicht zu halten. Stellen Sie nicht nur Fragen, sondern geben Sie auch etwas von sich preis, erzählen Sie aus Ihrem Leben, von Ereignissen, etc. Stellen Sie sicher, dass das Gespräch ein Geben und ein Nehmen zwischen den Beteiligten ist. Eine andere Variante besteht darin, es Ihrem Gegenüber immer nachzutun. Ist die andere Person ausführlich, seien Sie es auch. So hält sich alles die Waage. Ist das Gespräch kurz angebunden, erzählen Sie keine langen Geschichten.

9. Rhetorik: Der Weg zum Profi

Das Wort „Rhetorik“ leitet sich aus dem Altgriechischen her und bedeutet „Redekunst“. Der Rhetoriker ist der in der Kunst der Rede Versierte, der den komplexen Umgang mit den Wörtern beherrscht. Obwohl nicht auszuschließen ist, dass auch andere Kulturen, wie z. B. jene des antiken Orients, die Rhetorik als solche kannten und praktizierten, lassen sich die historisch nachvollziehbaren Ursprünge der Rhetorik erst einmal in Griechenland lokalisieren. Für die Geschichte Europas ausschlaggebend waren die ersten redegewandten Rhetoriker der Antike, die die öffentliche Rede auch systematisch entwickelten. Dabei ging es beispielsweise um die mündliche Klärung juristischer Angelegenheit vor Gericht (Vgl. 54).

So war es kein Wunder, dass es im antiken Griechenland viele Rhetorikschulen gab und die Rhetorik einen ganz besonderen Stellenwert in der Gesellschaft hatte. Berühmt geworden ist besonders die Rhetorikschule des griechischen Philosophen und Historikers Platon um das Jahr 430 v. Chr. Doch auch im römischen Reich florierte die Redekunst und es war beispielsweise Julius Cäsar, der durch seine herausragende Redegewandtheit die Wahl zum Volkstribun im Senat maßgeblich beeinflussen konnte (Vgl. 55). Als erste moderne Rhetoriker gelten heute der Redelehrer Korax und sein Schüler namens Teisias, die im 5. vorchristlichen Jahrhundert auf Sizilien lebten und wirkten. Was ihn von anderen seiner Kunst unterschied, war die Tatsache, dass er als erster Rhetoriker neben seinen Reden auch die Strukturen der

Rhetorik analysierte und ersten Theorien aufstellte, die er an seine Schüler weitergab (Vgl. 56).

Fragt man heute jemanden, was unter Rhetorik zu verstehen ist, wird in der Regel auf das monologartige Reden vor einem Publikum verwiesen. Bis ins europäische Mittelalter hinein galten die Rhetorik-Schriften des berühmten römischen Dichters Cicero als Grundlage eines jeden Schulunterrichts zum Thema „Rhetorik".

Bis zum Ende des 18. Jahrhunderts hatte die klassische Rhetorik allerdings an Bedeutung verloren, wobei Inhalt und persönliche Ausdrucksformen eines Redners von dessen Technik und theoretischen Rhetorikkenntnissen getrennt wurden. Es gab sogar sehr prominente Feinde der Redekunst. So ist Goethe für seine ablehnende Haltung gegenüber der Schule des Verstellens, wie er sie nannte, bekannt. Immanuel Kant ging sogar so weit und nannte die Rhetorik eine zweifelhafte Kunst, die nur dem Zweck diene, sich die Schwächen eines Kontrahenten zunutze zu machen, ohne wirkliche Argumente beibringen zu können.

In Meyers Konversationslexikon aus dem Jahre 1890 wird Rhetorik bezeichnet als Mittel, das eingesetzt wird, um eine Wirkung auf andere Menschen zu erzielen und Einfluss auf diese auszuüben, um bestimmte Ziele zu erreichen. Dabei sei ein Charakteristikum der rhetorisch angelegten Rede, auf die Einsicht der Zuhörer einzuwirken und deren Einbildungskraft und Gefühle in überzeugender Weise anzusprechen (Vgl. 57).

Doch was bedeutet Rhetorik heute, mehr als 2.500 Jahre nach den berühmten Rhetorikern des antiken Griechenlands und Roms?

Natürlich hat sich das Wesen der Rhetorik verändert und umfasst seit dem Aufkommen der zeitgenössischen Psychologie und Kognitionswissenschaften im 20. Jahrhundert vor allem Kriterien, wie beispielsweise die Verbesserung und Stärkung des Selbstbewusstseins, das positive Verhältnis zum individuellen Selbstbild und den bewussten Einsatz der Körpersprache. Selbstverständlich spielen noch immer Ausdrucksweise, Eloquenz, Sprachflexibilität, analytische Denkfähigkeit, etc. eine zentrale Rolle. Egal ob vor Publikum, in einer Geschäftspräsentation oder in Gegenwart von Arbeitskollegen, sind Sie ein guter Rhetoriker, beherrschen Sie rhetorische Grundlagen, dann können Sie Menschen viel besser überzeugen und Ihre Ziele kommunizieren. Und obwohl es Vorgaben und Regeln zur Erstellung einer Rede oder eines Redebeitrags gibt, bleibt der individuellen Kreativität noch viel Spielraum gelassen. Denn, was Sie auf welche Weise ausdrücken, obliegt auch Ihrer Erfindungsgabe.

Auch für die Darstellung von Inhalten in einer Präsentation beispielsweise gibt es viele Möglichkeiten, die umso effektiver sind, je kreativer Sie rhetorische Stilmittel mit Ihren eigenen Talenten, Ihrer Intuition und Inspiration kombinieren können. Es gibt Naturtalente der Rhetorik, während andere Menschen sich mühselig in das Thema einarbeiten müssen. Nachstehend erhalten Sie eine umfassende Einführung in die wichtigsten Komponenten der Rhetorik, mit der Sie Ihre Ausdrucksweise auf entscheidende Weise verbessern können. Anschließend können Sie Ihre Kenntnisse anhand von praktischen Übungen überprüfen und vertiefen.

Antikes für die Moderne

Geht es um die klassischen rhetorischen Vorgaben aus der Antike, finden Sie eine strenge Struktur vor, bei der die Typen der Redeform, deren Aufbau und Gliederung unterschieden werden. Wollen Sie eine Rede nach klassischem Vorbild halten, ist es wichtig, sich an einen Bauplan aus 5 Elementen zu halten (Vgl. 58). Sie können diese Elemente theoretisch auch für Texte verwenden:

- **Einleitung**
  Hiermit stellen Sie den Erstkontakt zu Ihrem Publikum oder zu Ihrer Leserschaft her. Die Einleitung, die in der Literatur nicht mit dem Vorwort gleichzusetzen ist, ist die Grundlage, auf der Sie die Menschen für sich und Ihr Anliegen einnehmen können.

- **Sachverhalt**
  Im zweiten Teil schildern Sie den eigentlichen Tatbestand, das Thema, Ihr Anliegen. Sie benennen ein Problem und stellen gleichzeitig Ihre Kernthese vor, auf der alles andere aufgebaut ist.

- **Beweisführung**
  Diese Stufe dient Ihrer Argumentation, die wiederum dazu dient, Ihre Kernthese zu verdeutlichen und zu beweisen.

- **Gegenargumentation**
  Im vierten Teil widerlegen Sie die gegnerische Position und die dazugehörigen Argumente. Dieser Teil überzeugt im Idealfall Ihre Zuhörer bzw. Leserschaft. Sie sprechen die verschiedenen Punkte an und widerlegen sie.

- **Abschluss**
  Der fünfte Teil dient dem Abschluss der Darlegungen. In der Regel appellieren Sie an Ihr Publikum und fordern es zum Handeln im Sinne Ihrer Kernthese auf. Dieser Appell wird dargestellt als die logische Folge, die sich aus Ihrer Argumentationslinie ergibt, der das Publikum nun noch zustimmen muss.

Rhetorik sollte zu einem festen Bestandteil Ihrer Kommunikation werden. Sie hat den Zweck, andere Menschen von Ihren Ansichten und Vorschlägen zu überzeugen, sie für sich zu gewinnen und auf sie einzuwirken. Das gilt für das private wie für das berufliche Leben. Die moderne Rhetorik wird nicht als ein isoliertes Kommunikationsmittel gesehen, wie sie es natürlich aufgrund des durchschnittlich geringen Bildungsstandes der Bevölkerung im antiken Griechenland oder Rom war. Heute ist Rhetorik ein Mittel zu einer gleichberechtigten Kommunikation zwischen Menschen unterschiedlicher gesellschaftlicher Zugehörigkeit. Mit anderen Worten kann sie von jedem eingesetzt werden.

Doch sind allerdings immer noch das Was und das Wie überaus wichtig, wenn es um die rhetorische Gestaltung einer Rede oder eines Gesprächs geht. Man hat herausgefunden, dass bis zu 80 % einer für alle Beteiligten positiven Kommunikation auf der Beziehungsebene zwischen den Personen, d. h., mit anderen Worten zwischen Sender und Empfänger, abläuft. Rhetorik bewegt sich somit im Spannungsfeld dieser beiden Pole, was bedeutet, dass dieses immer ausgeglichen sein sollte. Das lässt sich verdeutlichen anhand des Rhetorischen Dreiecks.

Das Rhetorische Dreieck

Bei dem Rhetorischen Dreieck handelt es sich im Grunde genommen um eine Checkliste, anhand derer Sie überprüfen können, ob die rhetorischen Elemente, die Sie einsetzen, auch vom Publikum positiv bzw. so aufgenommen werden, wie Sie es erwarten und erhoffen. Diese Checkliste hilft Ihnen aber auch dabei, das Anliegen oder die Botschaft, die Sie übermitteln wollen, effektiver wirken zu lassen. Wie das Dreieck als geometrisches Objekt besteht auch das Rhetorische Dreieck aus drei Seiten. Folglich seine drei Eckpunkte (Vgl. 59):

- Sie als Redner
- Zuhörer
- Thema

Zwischen den Elementen Redner, Zuhörer und Thema muss ein Beziehungsgeflecht aufgebaut werden, wenn das, was Sie sagen wollen, auch wirken soll. Das bedeutet, dass seitens des Zuhörers ein Interesse vorhanden sein muss. Da Sie als Redner oder Sprecher das aber in vielen Fällen nicht voraussetzen können oder sogar wissen, dass Ihr Gegenüber nicht an Ihren Ausführungen interessiert ist, besteht die dringlichste Aufgabe darin, das Interesse zu wecken. Um das zu bewerkstelligen, müssen Sie sich als Redner thematisch auskennen, müssen ein bestimmtes Sachwissen mitbringen, damit Ihre Argumentationslinie auch schlüssig und faktisch betrachtet überzeugend ist.

Es gibt aber noch einen weiteren Aspekt als nur die reine Faktenlage: Glaubwürdigkeit. Können Sie Ihr Anliegen gleich zu Beginn der Ausführungen glaubwürdig vorstellen, eröffnet das weitere Wege, den Zuhörer auch zu überzeugen. Die rhetorischen Mittel, die Sie einsetzen, entscheiden dann darüber, wie effektiv das Kommunikationsgeflecht ist, welches Sie aufbauen. Dabei ist Ihre Ausdrucksweise bzw. das Sprechen selbst von größter Wichtigkeit. Modifizieren Sie Ihre Sprechweise, verändern Sie die Wirkung des Gesagten. Es wird zwischen drei solcher Sprechweisen unterschieden (Vgl. 60):

- **Sprechen, das ich-orientiert ist**
  Verwenden Sie die „Ich-Form“, dann stellen Sie sich selbst als Person in den Vordergrund und geben nur wenig Acht darauf, ob das, was Sie sagen, für den Zuhörer auch interessant ist. Das Risiko ist klar: Sie laufen Gefahr, den Zuhörer zu verlieren. Ich-orientiertes Sprechen ist selbstdarstellerisch. Meistens weichen ich-orientierte Sprecher vom eigentlichen Thema ab und langweilen den Zuhörer schnell. Außerdem hat dieser Probleme damit, die für die Argumentationslinie herausragenden Punkte gedanklich nachzuverfolgen.

- **Sprechen, das sachorientiert ist**
  Eine Sprechweise, die sich einzig auf das jeweilige Thema bezieht und sachlich bleibt, wird meistens in Fachkreisen oder unter Experten gebraucht. Das Thema steht im Mittelpunkt der Aufmerksamkeit. Ein Charakteristikum des sachorientierten Sprechens ist eine übermäßige, oft übertriebene und ermüdende oder redundante Genauigkeit, mit der Sie in Alltagssituationen das Risiko eingehen, das Interesse des Zuhörers zu verlieren. Das Sprachniveau dieser Sprechweise ist hoch und bildungssprachlich geprägt und daher für viele Menschen oft nicht verständlich. Man spricht in diesem Kontext manchmal von „Fach-Chinesisch", welches nur Experten vorbehalten ist.

- **Sprechen, das du-orientiert ist**
  Diese Sprechweise hat sich heutzutage stark durchsetzen können. Sie appelliert an jeden einzelnen Zuhörer und schafft eine augenblickliche Bindung zwischen Ihnen als Redner und Ihrer Zuhörerschaft. Zudem wird das Thema auf mehrere für den Zuhörer verständliche und nachvollziehbare Punkte reduziert. Du-orientiertes Sprechen hat allein durch die Anrede des Zuhörers eine persönliche, emotionale Komponente, übermittelt aber in der Regel weniger Sachlichkeit und Faktisches. Nutzen Sie diese Sprechweise, dann geht es Ihnen primär um die Aufnahmefähigkeit Ihrer Zuhörer.

Die Effektivität einer Rede hängt nun davon ab, wie diese sich an den Eckpunkten des Rhetorischen Dreiecks ausrichtet. Es zeigt aber auch deutlich, dass sich eine wirkungsvolle Rede, die Sie halten, nicht nur an Ihnen als Redner orientiert, sondern an dem Spannungsfeld zwischen der Sach- und Du-Orientiertheit Ihrer Ausdrucksweise. Daraus ergeben sich einige Regeln, die Sie beherzigen sollten: Sprechen Sie außer in Fachkreisen nur so sachorientiert wie notwendig. Weniger Sachorientiertheit bietet Ihnen hierbei einen Mehrwert an Überzeugungskraft. Primär sollte es immer darum gehen, dass Ihr Zuhörer Ihr Anliegen auch versteht und selbst nachvollziehen kann. Er muss das sichere Gefühl haben, sich in dem, was Sie sagen, auszukennen.

Aus diesem Grund wählen Sie am besten ein du-orientiertes Sprechen. Psychologisch betrachtet hat die Du-Orientiertheit einen weiteren Vorteil: Wählen Sie diese Ausdrucksweise, wirken Sie nicht nur glaubwürdiger und können Ihre Einleitung als Türöffner nutzen, Sie sprechen auch viel freier. Sachorientiertes Sprechen verhindert in der Regel das freie Formulieren, da Sie sich an sachliche Vorgaben halten müssen und Genauigkeit Ihr Ziel ist. Sprechen Sie frei, haben Sie auch eine ungezwungene Körpersprache, die Ihre Glaubwürdigkeit verstärkt. Sie können aber auch einen direkten Blickkontakt mit Ihrem Publikum halten und nonverbale oder paraverbale Signale verteilen, die eine weitere positiv subtile Wirkung haben.

Reden wie die Profis

Für den berühmten griechischen Philosophen Aristoteles wird eine Rede vom Zuhörer nur dann als „plausibel“ erachtet, wenn sie drei Grundkriterien erfüllt (Vgl. 61):

- Sie muss eine nachvollziehbare Gedankenführung haben, wofür ein geschickter und stilistisch einwandfreier Sprachausdruck und eine geordnete Argumentationsweise notwendig sind. Ist das gegeben, kann das Anliegen des Redners glaubhaft kommuniziert werden.
- Der Redner muss als Person adäquat und glaubwürdig erscheinen.
- Sie muss immer auf die Situation der Zuhörer zugeschnitten sein und deren Befindlichkeit ansprechen.

Das strategische Ziel, das Sie bei einer Rede oder einem Gespräch verfolgen, ist die Überzeugung Ihres Zuhörers oder Ihres Gegenübers. Um das zu erreichen, stehen Ihnen folgende Mittel zur Verfügung:

- **Probare („beweisen“)**
  Sie sprechen das Erkenntnisvermögen des Zuhörers an, indem Sie Ihr Anliegen rational nachvollziehbar darlegen. Sachargumente dienen dazu, den Zuhörer zur Zustimmung zu bewegen.

- **Conciliare („versöhnen“)**
  Sie wenden sich direkt an die Emotionen des Zuhörers, was voraussetzt, dass Sie über dessen Befindlichkeit im Klaren sind. Im Idealfall können Sie ihre Sympathie gewinnen.

- **Movere („bewegen“)**
  Sie appellieren an die Leidenschaften des Zuhörers, um diesen für das Thema und Ihre These zu begeistern.

Obwohl sich der gesellschaftliche Bezugsrahmen seit der Antike verändert hat, sind nach Aristoteles, Cicero und Quintilian immer noch 5 Arbeitsschritte notwendig, um rhetorisch betrachtet eine erfolgreiche Kommunikation zu gestalten. Die nachstehende Gliederung kann natürlich nicht nur für Reden herangezogen werden, sondern auch bei jeglicher schriftlichen Darlegung eines Themas (Vgl. 62):

1. **<u>Themenfindung (Inventio)</u>**
   Der erste Schritt besteht darin, ein Thema zu finden und alle für Ihre These relevanten Materialien zu sichten. Das umfasst Beweisführungen, Widerlegungen und Argumente.

2. **Stoffgliederung (Dispositio)**
Dieser Schritt gilt der Gliederung der gesammelten Materialien in Hinblick auf Ihr Publikum. Dabei können Sie nach der klassischen Methode vorgehen: Exordium, Argumentatio und Conclusio. Im Exordium, der Einleitung, wird das Thema vorgestellt. Mittels einer Einführung soll der Zuhörer bereits gewonnen werden. Sie legen den Sachverhalt in der Narratio dar. Man nennt das heute auch „Storytelling“, wobei Sie den Ist-Zustand des Themas oder einer Sache vorstellen. In der Argumentatio, der Beweisführung, werden dann verschiedene Ansichten zum Thema herangezogen. Das Ziel ist es allerdings, die eigene Sichtweise als die überzeugendste oder stärkste von allen darzustellen. In der abschließenden Conclusio, dem Schluss der Rede, fassen Sie alle genannten Hauptpunkte Ihrer These nochmals zusammen. Diese Zusammenfassung sollte idealerweise in einem Call-to-Action bzw. einer Handlungsaufforderung gipfeln.

3. **Stilistische Ausarbeitung (Elocutio)**
Dieser Arbeitsschritt dient der sprachlichen Feinarbeit. Sie legen mit anderen Worten Ihren Stil fest. Das betriff auch Ihre Sprechweise. Es geht dabei ferner um die sprachliche Korrektheit und Verständlichkeit, sowie die Angemessenheit der Wortwahl in Hinblick auf die Zuhörer. Überflüssiges muss vermieden werden. Außerdem ist es wichtig, an rhetorische Figuren zu denken, mit denen das Publikum emotional oder leidenschaftlich ergriffen werden soll. Sie entscheiden also, ob Ihr Stil locker, pathetisch oder temperiert, d. h. gemischt, sein soll. Der temperierte Stil wechselt gewinnende und belehrende Elemente ab. Oder aber Sie entscheiden sich für einen schmucklosen, sprachlich trockenen Stil, der sich besonders für die Darlegung der Faktenlage eignet.

4. **Einprägung (Memoria)**
   Der vierte Schritt dient dazu, dass Sie sich die Rede genau einprägen. Sie können das, was Sie mitteilen wollen, beispielsweise stichpunktartig zusammenfassen und diese Stichpunkte dann als Erinnerungshilfen verwenden.

5. **Umsetzung (Actio)**
   Der letzte Schritt gilt der eigentlichen Realisierung Ihrer Rede, beispielsweise in Form eines Vortrags. Dabei geht es um Ihre Gesten und um Ihre Mimik, aber auch um Sprechtechniken, Artikulation und Körpersprache.

Ausdrucksfähigkeit trainieren – Rhetorikübungen

Reden bedeutet, auf andere Menschen zu wirken. Und zwar praktisch…

Um Ihre rhetorischen Fähigkeiten zu trainieren und zu verbessern, stellen Sie sich am besten allein vor einen großen Spiegel. Schauen Sie in den Spiegel! Wen sehen Sie? Welchen Gesichtsausdruck haben Sie? Sprühen Sie nur so vor Energie oder sehen Sie eher müde und abgeschlagen aus? Sprechen Sie zu Ihrem Spiegelbild und sagen Sie laut: „Ich kann jeden begeistern!"

Achten Sie dabei auf Ihre Hände. Wo waren sie gerade? Dich am Körper? Sagen Sie den Satz noch einmal mit Begeisterung und werfen Sie dabei Ihre Arme hoch. Gestikulieren Sie voller Energie und Freude. Und sagen Sie dabei laut: „Ich kann alle begeistern!" Die kurze Übung wird Ihnen zeigen, wie sehr Ihre Körpersprache das gesprochene Wort unterstützt und aufwertet.

Wenn Sie einen Vortrag geben wollen oder nur in einem Gespräch einen Gesprächspartner begeistern und mitreißen wollen, sollten

Sie sich immer wieder übungsweise in Situationen hineindenken, die Ihnen realistisch erscheinen. Dann überlegen Sie sich, was Sie in dieser oder jener Situation sagen würden. Stellen Sie sich wieder vor den Spiegel und sprechen Sie die Sätze laut aus. Dabei unterstützen Sie mit Gestik und Mimik das, was Sie sagen. Fordern Sie jemanden auf, dann sollte die Körpersprache entsprechend auffordernd aussehen. Formulieren Sie etwas Sachliches, dann reduzieren Sie Ihre Gesten auf einige wenige prägnante Bewegungen.

Doch an dieser Stelle geht es primär um Ihre Ausdrucksfähigkeit und Ihre rhetorischen Fähigkeiten.

Übung 1: Dreimal Fünf

Die erste Übung soll Ihre Konzentrationsfähigkeit erhöhen:

Überlegen Sie sich drei verschiedene Themen, über die Sie kurz referieren wollen. Alle drei sollten verschieden sein, z. B. ein aktuelles Thema aus der Politik, eines aus den täglichen Nachrichten und ein Thema, wie beispielsweise Sport oder Freizeit. Doch wichtig dabei ist, dass keines der ausgewählten Themen ein Lieblingsthema sein soll, über das Sie leicht etwas sagen können. Es sollte ein Thema sein, mit dem Sie in der Regel nichts zu tun haben oder dass Ihnen vielleicht sogar gar nicht liegt. Dadurch werden Sie gezwungen, sich beim Reden stärker zu konzentrieren. Und was Ihnen mit Themen gelingt, die Ihnen nicht liegen, werden Sie bei Ihren Lieblingsthemen erst recht erfolgreich schaffen. Haben Sie die drei Themen ausgewählt, dann stellen Sie einen Timer auf fünf Minuten Redezeit für jedes Thema (Vgl. 63). Dann fangen Sie an und halten zu jedem Thema einen Kurzvortrag von fünf Minuten. Das sollten Sie am besten vor einem Spiegel tun, um gleichzeitig Ihre Körperhaltung, etc. im Auge zu behalten. Eine andere Variante ist es, die drei Kurzvorträge vor einem Freund oder einer Freundin zu halten. Das hat den Vorteil, dass Sie das

Feedback einer anderen Person bekommen können, welches sehr wertvoll für Sie ist. Sie werden in jedem Fall merken, wie sehr Sie sich konzentrieren müssen, um beim Thema zu bleiben.

Übung 2: Plappern, was das Zeug hält

Für diese Übung suchen Sie einen Ort auf, an dem Sie 15 Minuten lang niemand stören kann. Nehmen Sie mit einem Timer die Zeit und beginnen Sie mit der Übung, die darin besteht, einfach drauflos zu plappern. Alles, was Ihnen gerade in den Kopf kommt, wird ausgesprochen. Aber es sollten keine zusammenhanglosen Sätze sein. Sie sollten immer einen Sinn ergeben. Plaudern Sie alles frei heraus. Und auch wenn in Ihrem Kopf eigentlich immer ein Monolog abläuft, werden Sie bemerken, wie schwierig es ist, diesen inneren Monolog 15 Minuten lang zu veräußern.

Anfangs wird es sich holprig anhören, doch mit der Zeit wird es flüssiger werden. Diese Übung sollten Sie eine Woche lang jeden Tag absolvieren. Nach und nach wird sich Ihre Ausdrucksweise verbessern, Ihre Wortwahl und Grammatik wird sicherer, Ihr Redefluss wird verständlicher und flüssiger werden. Doch damit nicht genug. Es geht nämlich darum, Ihre Leistungsfähigkeit in Sachen Ausdrucksweise zu steigern und Ihre eigenen Anforderungen auf ein höheres Niveau zu heben. Das bedeutet, dass es drei Challenges geben wird (Vgl. 64):

Challenge 1 besteht darin, wie gewohnt 15 Minuten lang drauflos zu plappern, dabei aber jetzt alle „und" wegzulassen. Reden Sie vor sich her und vermeiden Sie das Wort „und". Die sprachliche Achtsamkeit, die Sie nun üben müssen, wird Ihre Konzentrationsfähigkeit herausfordern.

Challenge 2 beginnt dann, wenn Sie Ihr Plappern zu strukturieren beginnen, d. h., wenn Sie mit Themenwechseln fortfahren.

Dafür müssen Sie sich zuvor drei Themen überlegen, in denen Sie nicht gerade ein Experte sind. Wählen Sie dann drei passende Überschriften zu den drei Themen, über die Sie nun jeweils einen Vortrag halten werden. Beginnen Sie mit dem ersten Thema und wechseln Sie nach genau 5 Minuten Redezeit zum nächsten Thema.

Die dritte und letzte Challenge dieser Übung besteht darin, die Redezeit zu verlängern. Aus 15 Minuten werden 30 Minuten. Sie beginnen dann wieder mit dem Plappern, und machen mit den drei Challenges weiter. Sie werden begeistert sein, wie sehr sich Ihre Ausdrucksweise und Ihre Rhetorik nach nur einigen Übungseinheiten verbessern wird.

Übung 3: Stegreif-Challenge

Bitten Sie einen Freund oder eine Freundin, Sie bei dieser Übung zu unterstützen, und zwar bei der Wahl eines Themas. Ist ein Thema gefunden, wird dieses auf eine Karte geschrieben, die Ihnen gegeben wird. Ihre Aufgabe ist es nun, über das angegebene Thema 3 Minuten lang zu referieren. Das Thema spielt keine Rolle, es geht nur darum, dass Sie drauflosreden. Empfehlenswert ist es außerdem, die dreiminütigen Kurzvorträge mit dem Handy aufzuzeichnen. Das gibt Ihnen die Gelegenheit, sich später im Video zu sehen, überprüfen und verbessern zu können.

Übung 4: Pressesprecher

Pressesprecher verfügen über die Fähigkeit, längere Inhalte und komplexere Zusammenhänge für die Öffentlichkeit in allen notwendigen wichtigen Punkten zusammenzufassen. Genau darin besteht diese Rhetorik-Übung auch. Schlagen Sie eine Tageszeitung auf und wählen Sie einen Artikel aus, der Sie zwar interessiert, aber nicht zu Ihren Lieblingsthemen gehört. Der Artikel sollte nicht zu kurz, sondern eher länger sein. Dann lesen Sie sich den Artikel aufmerksam durch. Falls er Fachbegriffe enthält, die Sie nicht kennen, schlagen Sie diese kurz online nach. Auch bei dieser Übung spielt die Zeit eine nicht unwichtige Rolle, denn es ist Ihre Aufgabe, den Zeitungsartikel in drei Minuten komplett zusammenzufassen, und zwar so, dass alle wichtigen Punkte in der Zusammenfassung verständlich erklärt enthalten sind (Vgl. 65).

Übung 5: Quasselstrippe

Um diese Übung durchzuführen, ist ein wenig mehr Vorbereitung nötig. Der erste Teil dieser Übung besteht darin, einen Vortrag Ihrer Wahl auszuwählen und diesen genau einzuüben. Einen Zeitdruck gibt es dabei nicht. Dann bitten Sie einen Freund oder eine Freundin, Sie bei der Übung zu unterstützen. Die Übung selbst kann in jedem beliebigen Raum stattfinden, so beispielsweise im Wohnzimmer oder der Küche.

Dann beginnen Sie mit Ihrem Vortrag – genau so, wie Sie ihn geübt haben. Anschließend ist es die Aufgabe von Ihrem Freund oder Ihrer Freundin, Ihnen während des Vortrags, also während Sie sprechen, einen Zettel zu reichen. Auf diesem Zettel hat er oder sie eine Anweisung für Sie notiert. Diese Anweisung betrifft eine kurze Aufgabe, die Sie, während Sie sprechen, zu leisten haben. Dabei ist Kreativität gefragt. So kann die Anweisung beispielsweise lauten, dass Sie etwas aus dem Kühlschrank holen oder eine Kaffeemaschine anschalten und einen Kaffee machen sollen. Es ist egal, worum es sich handelt. Es muss nur realistisch und auch durchführbar sein.

Die Challenge bei dieser Übung ist es dann, dass Sie der Anweisung Folge leisten, ohne Ihre Rede zu unterbrechen. Das wird Ihre ganze Konzentration erfordern. Falls Sie aus dem Redefluss kommen sollten, dann ist das nicht weiter schlimm. Die Übung muss ohnehin mehrmals wiederholt werden, damit Sie sich an die Ablenkungen gewöhnen und Ihre Ausdrucksweise sicherer werden kann.

Übung 6 Topic-Hopping

Bei dieser Übung geht es darum, von einem Thema zum nächsten zu wechseln. Zuerst nehmen Sie sich drei Zettel zur Hand. Auf jeden davon notieren Sie einen thematischen Oberbegriff. Das Thema, welches Sie sich aussuchen, sollte nicht zu jenen Themen gehören, in denen Sie sich persönlich gut auskennen. Thematisch haben Sie alle Freiheiten, es kann die Mondlandung sein, das Werk von Leonardo da Vinci oder der Inhalt eines bekannten Hollywood-Films. Wenn Ihnen nichts einfällt, schlagen Sie eine Tageszeitung auf. Darin werden Sie fündig werden. Dann nehmen Sie die Zeit mit einem Timer und beginnen, über alle drei Themen insgesamt 15 Minuten lang zu referieren (Vgl. 66). Doch Sie beginnen beim ersten Thema und wechseln nach 5 Minuten Redezeit zum nächsten Thema über. Dabei sollte es keine Unterbrechung geben. Die Wechsel müssen reibungslos erfolgen, was die Übung erschwert. Es geht dabei um Ihre gedankliche und sprachliche Flexibilität. Sind Sie geübt, können Sie eine weitere Challenge einführen und einen Freund oder eine Freundin bitten, Ihnen drei Themen vorzugeben.

Beim ersten Mal werden Sie sicherlich ins Stocken geraten, besonders dann, wenn es um die Wechsel nach 5 Minuten geht. Aber das wird sich nach und nach geben und Ihre Ausdrucksfähigkeit wird flexibler und fester werden.

10. Rhetorik-Tipps

Die oben vorgestellten Übungen zur Verbesserung Ihrer Rhetorik lassen sich noch erweitern, und zwar mittels rhetorischer Figuren, bei denen es sich um linguistische Schemata handelt. Diese unterscheiden sich von der normalen Alltagssprache in Form standardisierter Varianten.

Als rhetorische Stilfiguren dienen sie zur:

- Erzeugung von Aufmerksamkeit
- Veranschaulichung von Inhalten
- Ausschmückung von Inhalten

In der Rhetorik wird dabei seit jeher unterschieden zwischen Redefiguren, Gedankenfiguren und Tropen. Viele der nachstehenden rhetorischen Stilfiguren stammen aus der antiken, klassischen oder neuzeitlichen Dichtung und haben mittlerweile Eingang in die alltägliche Werbung gefunden. Sie lassen sich besonders effektiv in Gesprächen, Vorträgen oder Präsentationen einsetzen.

Redefiguren

Die klassischen Redefiguren verändern eine Aussage auf der Ebene des Satzes. Zu ihnen gehören unter anderem (Vgl. 67):

- **Alliteration**
  Dieselben Konsonanten werden am Anfang mehrerer Wörter eines Satzes wiederholt, wie z. B. in Julius Cäsars berühmten Ausspruch „Veni, vidi, vici."

- **Anapher**
  Dieselben Wörter werden am Anfang von zwei, drei oder mehreren Sätzen, die aufeinanderfolgen, wiederholt: „Der Regen kam, der Regen ergoss sich über sie, der Regen verschwand, wie er gekommen war."

- **Accumulatio**
  Zusammenstellen von Wörtern in einem Satz, die thematisch zusammengehören: „Wind, Wellen und das Meer."

- **Adynaton**
  Betonung durch Herausstellung von etwas Unmöglichem: „Eher fallen Ostern und Pfingsten auf einen Tag, als dass ich …"

- **Anspielung**
  Subtiler Hinweis auf etwas, das der Gesprächspartner kennt, und woraus er seine Schlüsse ziehen kann: „Sie wissen ja selbst, dass …"

- **Antithese**
  Kontrastierende Darstellung von Aussagen: „Nicht, dass ich Cäsar weniger liebte, aber ich liebte Rom mehr."

- **Cacophonie**
  Harsch oder übelklingendes Hintereinanderstellen von Lauten. Das Gegenteil ist die Euphonie, das Hintereinanderstellen wohlklingender Laute in einem Satz.

- **Ellipse**
  Stark verkürzter Satzbau: „Ende gut, alles gut."

- **Inversion**
  Ungebräuchliche Umstellung von Satzelementen: „Ewig ist des Menschen Leid."

- **Pleonasmus**
  Verwendung überflüssiger Wörter zum Zwecke der Betonung: „Niemand, ob arm oder reich, war zu seiner Ehre erschienen."

- **Simile**
  Starker Vergleich mit „wie": „Liebe ist wie eine Blume."

- **Verschweigen**
  Ein im Kontext wichtiger Punkt wird ausgelassen: „Aber du denkst doch jetzt nicht etwa, dass ..."

- **Vorgriff**
  Vorwegnahme eines möglichen Einwandes: „Natürlich werden alle wieder sagen, dass ..."

Gedankenfiguren

Während Redefiguren den Satzaufbau verändern, bezeichnet man als Gedankenfigur ein rhetorisches Stilmittel, mit dem Gedankengänge strukturiert werden können. Man erkennt Gedankenfiguren anhand einer speziellen Syntax. Nachstehend eine Auswahl (Vgl. 68):

- **Apostroph**
  Plötzliches direktes Ansprechen einer meistens abstrakten bzw. nicht anwesenden Person: „Wenn mein Vater das nur sehen könnte!", „Herr, schau auf Deine Kinder!"

- **Klimax**
  Abfolge von Wörtern, Satzteilen oder Sätzen mit sich verstärkender Betonung: „Was wir machen, ist nicht nur gut oder besser, es ist am besten", „Zu streben, zu suchen, zu finden, doch niemals aufzugeben".

- **Neologismus**
  Wortneuprägungen: „Helikopter-Eltern“, Cancel-Culture“.

- **Oxymoron**
  Zwei widersprüchliche Begriffe werden eng miteinander verbunden: „Er schwieg so laut, dass man es hören konnte“, oder „Hassliebe“.

- **Paradoxon**
  Eine widersinnige oder widersprüchliche Aussage, die sich allerdings als zutreffend erweisen kann: „Der Kunde ist König“, „Weniger ist mehr“.

- **Parallelismus**
  Mindestens 2 Sätze, die aufeinanderfolgen, weisen denselben Satzbau auf: „Zwei Männer sitzen im Lokal. Zwei Frauen sitzen am Nachbartisch.“

- **Personifikation**
  Objekte bzw. nichtlebende Dinge werden Eigenschaften oder Verhaltensweisen von Lebewesen zugeschrieben: „Vater Staat“, „Mutter Erde“.

- **Rhetorische Frage**
  Eine Frage, die keine ist, und stattdessen eine Äußerung betonen soll: „Regiert nicht das Geld die Welt?“, „Sollte es nicht endlich Frieden geben?“

- **Syllogismus**
  Zwei Aussagen werden zu einer dritten und neuen Aussage verbunden: „Menschen, die arm sind, haben Herz. Wir sind arm. Also sind wir herzliche Menschen.“

Tropen

Als Tropen bezeichnet man in der Rhetorik all jene Ausdrucksmittel, die eine Rede oder Aussage bildhaft gestalten. Mit anderen Worten sind es Wendungen oder auch nur einzelne Wörter, die in einem figurativen bzw. übertragenen Sinne gebraucht werden (Vgl. 69):

- **Metapher**
  Ein Ausdruck wird durch einen anderen Ausdruck ersetzt. Der übertragende Ausdruck stammt dabei aus einem anderen Bereich oder Kontext, bildet aber eine Analogie zum ersetzten Ausdruck. Metaphern sind verkürzte Vergleiche, die zur Verdeutlichung meistens abstrakter Inhalte dienen. Dabei ist das Bild, das die Metapher bietet, intuitiv verständlich: „Die Nadel im Heuhaufen suchen“, „Ein Brett vor dem Kopf haben“, „Auf das falsche Pferd setzen“.

- **Metonymie**
  Ein Wort wird durch ein anderes, das aus demselben Bereich oder Kontext stammt, ersetzt. Beide Wörter stehen dabei in einer wirklichen Beziehung zueinander: „Schiller lesen“, „Washington entscheidet“, „Afrika ist arm“.

- **Synecdoche**
  Wendung, bei der das Ganze für einen Teil oder umgekehrt steht: „Deutschland gewann die Fußballweltmeisterschaft (anstelle der deutschen Nationalmannschaft).“

- **Hyperbel**
  Ausdruck, der etwas übersteigert oder übertreibt: „Ich könnte einen Bären verspeisen, so hungrig bin ich“, „Restaurants gibt’s hier wie Sand am Meer“.

- **Ironie**
  Gebrauch eines Ausdrucks, der dem Gesagten eigentlich entgegengesetzt ist: „Das ist ja wieder eine tolle Leistung, die du da abgeliefert hast", „Damit hast du mal wieder ins Schwarze getroffen."

- **Euphemismus**
  Beschönigende Worte oder Wendungen, die etwas Negatives umschreiben: „heimgehen" anstatt „sterben", „humanitärer Einsatz" anstatt „kriegerische Auseinandersetzungen", „Kundenberater" anstatt „Verkäufer".

- **Litotes**
  Steigerung einer Aussage mittels Verneinung oder Abschwächung des Gegenteils: „nicht übel", „nicht unüblich", „nicht unwahrscheinlich".

- **Gleichnis**
  Betonung oder Verdeutlichung eines Inhalts durch eine Analogie: „Es steht wie eine Eins", „Das ist nur alter Wein in neuen Schläuchen".

Sich selbst präsentieren

Die Ausführungen und Tipps, die Sie bisher bekommen haben, bezogen sich auf Gespräche im privaten oder beruflichen Umfeld, mit Freunden, Familie oder Arbeitskollegen, sowie auf den alltäglichen Small Talk, der überall stattfinden kann. Im Folgenden wird Ihnen erläutert werden, wie Sie am erfolgreichsten agieren können, wenn es darum geht, ein Thema im Rahmen eines Vortrages oder einer Präsentation vor Publikum darzulegen.

Kommt beispielsweise Ihr Chef zu Ihnen und bittet Sie, über Ihr Fachthema zu referieren. Oder aber es wird eine

Betriebsversammlung eröffnet und Sie werden gebeten, eine kurze Rede zu halten. Sie soll dazu dienen, Ihre Kollegen und Gäste zu begrüßen, diese aber auch gleichzeitig im Sinne der Ziele des Unternehmens positiv anzusprechen, sie zu motivieren oder zu inspirieren. Oder aber Sie halten einen kurzen Vortrag auf einer alljährlichen Festveranstaltung. Es kann bei einem Vortrag oder einer Präsentation aber auch um Kundenwerbung im Zuge Ihrer beruflichen Tätigkeiten gehen. Eine andere Gelegenheit für eine Präsentation ist z. B. die Ehrung eines langjährigen Mitarbeiters, der in den Ruhestand geht und das Unternehmen verlässt. Oder aber Sie werden aufgefordert, Ihrem Vorgesetzten oder dem Aufsichtsrat Bericht über Ihre Betriebsergebnisse zu erstatten, was Sie im Rahmen eines kurzen Vortrages tun.

Es gibt also eine Reihe von Möglichkeiten, bei denen fundierte rhetorische Kenntnisse gefragt sind und bewusst angewendet werden sollten. Doch wie ist in solchen Fällen grundsätzlich vorzugehen? Worauf müssen Sie achten, welche Fehler könnten Sie machen und was sollten Sie beherrschen?

Vorbereitung

Zuerst ist es unerlässlich, dass Sie sich in Ihre Zuhörer versetzen. Falls den Zuhörern das Thema, über das Sie referieren wollen, bekannt ist, sollten Sie sich darüber Gedanken machen, was diese von Ihnen erwarten. Das hat auch immer damit zu tun, mit welcher Expertise Sie Ihren Vortrag halten bzw. welche Position Sie in einem Unternehmen innehaben.

Abgesehen von diesen thematischen Überlegungen, ist es außerdem wichtig, zu wissen, in welcher Stimmung sich Ihre Zuhörer befinden. Ist die Stimmung neutral? Ist sie nervös oder angespannt? Oder ist sie heiter und gelassen? Das ist von Thema und Gelegenheit abhängig. Wichtig ist es allerdings, immer auf die Befindlichkeit einzugehen. Entweder auf subtile Weise, die nonverbal sein kann, oder aber direkt, indem Sie sie ansprechen. Natürlich ist auch die Einstellung Ihres Publikums zum Thema, zu dem Sie sich äußern, von größter Bedeutung. Vor einem Publikum von Veganern beispielsweise macht es wenig Sinn, die Vorteile des Fleischkonsums anzupreisen. Es sei denn, Sie verfolgen damit einen bestimmten Überraschungseffekt, der Ihre Zuhörer vielleicht zum Lachen animieren soll. Das wäre ein guter Einstieg.

In Hinblick auf Ihr Publikum sollen Sie also immer bedenken:

- Erwartungshaltungen
- Stimmung, Befindlichkeiten
- Einstellung
- Interessenslage und Wertvorstellungen

Sind Ihnen diese Punkte klar, haben Sie einen ersten wichtigen Schritt getan, um die Aufmerksamkeit Ihrer Zuhörer rhetorisch wecken und Sie von einer Sache überzeugen zu können. Anschließend fahren Sie fort, indem Sie die wichtigsten Punkte Ihrer Präsentation oder Argumentation notieren und gliedern. Natürlich dürfen Sie nicht vergessen, die passende Begrüßung zu wählen. Fakten, Zahlen, Argumente und Beispiele werden dann in Hinblick auf ihre Plausibilität ausgewählt und unter Berücksichtigung der vorgestellten 5 klassischen Arbeitsschritte der Rhetorik bearbeitet, sowie durch geeignete Stilmittel verfeinert. Haben Sie alle notwendigen Materialien gesammelt, werden diese in Abschnitte unterteilt und mit ausdrucksstarken Stichworten versehen, die Sie beim Vortrag als Rede-Anker verwenden und sofort erkennen können. So entsteht der rote Faden durch Ihre Präsentation.

Natürlich müssen Sie sich Ihr Redekonzept mehrere Male konzentriert durchlesen, damit sich bestimmte Argumente besser einprägen. Sie sollten nicht darauf verzichten, einen kurzen Testvortrag zu halten. Dafür ist der Platz vor dem Spiegel der beste Ort. Sie können sich selbst beim Vortragen beobachten und auch auf Ihre Körpersprache achten, aber auch Gestik und Mimik einstudieren. Außerdem haben Sie Gelegenheit, Ihre Ausdrucksweise zu überprüfen und diese, falls notwendig, zu verbessern. Zusätzlich können Sie den Testvortrag auf Video aufnehmen. Falls Sie zu Lampenfieber neigen, ist es noch immer die beste Vorsorge gewesen, einen Vortrag gründlich zu erarbeiten und einzustudieren. Je sicherer Sie sind, desto weniger Angst müssen Sie haben.

Stellen Sie sich grundsätzlich die folgenden W-Fragen:

- Wer sind meine Zuhörer?
- Worüber spreche ich?
- Was will ich erreichen?
- Warum sollten die Menschen mir zuhören?

Vor den Zuhörern ...

Wichtig ist es, dass Sie entspannt und selbstbewusst in Ihre Präsentation gehen. Das bedeutet auch, dass Sie sich als Vortragender nicht hinter einem Stehpult verstecken. Jede Ihrer Bewegungen sollte signalisieren, dass Sie Ihr Thema sattelfest beherrschen und von Ihren Aussagen selbst überzeugt sind. Aber auch wenn Sie Ihre Ausführungen sitzend vor einem Gremium darlegen, ist die Körperhaltung zu beachten. In jedem Fall sollten Sie stets den Blickkontakt zu Ihren Zuhörern suchen, und wenn es nur ein oder zwei Personen unmittelbar vor Ihnen sind. Ihre ansprechenden Gesten übertragen sich leicht auf alle Anwesenden. Wie Sie mit einleitenden Worten Ihr Publikum fesseln können, erfahren Sie weiter unten.

Auf jeden Fall geht es darum, eine Verbindung zu Ihren Zuhörern aufzubauen. Auch wenn diese bereits thematisch gegeben ist, sollten Sie nicht darauf verzichten, sie zu stärken und dafür die passenden Worte zu finden.

So macht es immer Sinn, etwaige Gemeinsamkeiten zu betonen:

- Ich freue mich, dass Sie Zeit gefunden haben, heute so zahlreich zu erscheinen.
- Schön, dass ich Sie zu dieser Präsentation begrüßen darf.
- Sie und ich, wir alle zusammen, wollen diese Gelegenheit nutzen …
- Gut, dass wir hier und heute gemeinsam die Gelegenheit haben, uns über Thema XY auszutauschen.

Danach geht es darum, in das Thema der Präsentation einzuführen. Es gibt eigentlich kein Thema, welches Sie nicht mit kurzen, prägnanten und gewählten Worten eindeutig darlegen können. Legen Sie also das Thema, das auch in einer Problemstellung bestehen kann, möglich rasch dar. Achten Sie dabei darauf, nicht in das Monologisieren zu verfallen, und nehmen Sie Ihre Argumente nicht vorweg. Oftmals kommen Redner zu schnell zu ihren Kernaussagen. Heben Sie sich Ihre überzeugenden Argumente also für später auf.

Stellen Sie kurz und knapp dar, was Ihr Thema ist:

- Wie Sie wissen, werden wir heute über Thema XY sprechen.
- Sie wissen, dass uns Thema XY leider schon lange beschäftigt, und so wollen wir heute endlich zu einer Lösung der Probleme kommen.

Grundsätzlich kann die Mehrzahl der Fragestellungen, die sich anbieten, auf ein, zwei oder drei Argumente reduziert werden. Um ein Thema, eine Ansicht oder ein Vorhaben überzeugender zu vermitteln, sollten Sie darauf achten, dass es immer von Vorteil ist, 5 wirklich durchdachte Argumente vorzustellen, anstatt sich in zahlreichen Einzelaspekten eines Themas zu verirren, auch wenn diese für Sie persönlich wichtig sind. Bedenken Sie immer, dass Sie nicht das Publikum sind, welches Sie überzeugen wollen oder müssen. Einzelaspekte haben zudem den Nachteil, dass sie die Zuhörer verwirren und unnötigerweise ablenken, was die Motivation, Ihnen zuzuhören, ebenfalls nach einer Weile schmälern würde.

Stellen Sie die 5 Argumente, die Sie ausgewählt haben, in einer logischen und für das Publikum nachvollziehbaren Reihenfolge vor. Einige Anwesende im Publikum werden sich vielleicht Notizen machen wollen. Denken Sie also auch daran, dass Ihre Argumente ausdrucksstark und prägnant vorgetragen werden. Wenn ein Zuhörer sich erst selbst angestrengt Gedanken darüber machen muss, wie er einen Inhalt notieren kann, haben Sie bereits verloren.

Die einzelnen Argumente lassen sich sprachlich verbinden:

- Wir haben zunächst einmal …
- Außerdem …
- Weiter zu beachten wäre …
- Nicht nur, dass …, sondern auch …
- Als weiterer Punkt …
- Zusätzlich zu dem Gesagten …
- Und das Wichtigste ist …
- Als Schlussfolgerung ergibt sich daraus …

Haben Sie Ihre Argumente dargelegt, ist es an der Zeit, Ihre Zuhörer in den Vortrag zu integrieren. Das gelingt Ihnen am besten, indem Sie sie zum Mitdenken auffordern. Ein aktives Publikum ist konzentrierter als ein passives. Wer längere Zeit passiv einem Redner zuhört, verfällt in der Regel einer gewissen Unachtsamkeit. Auch können sich schnell Ermüdung oder Langeweile einstellen.

Rhetorisch stehen Ihnen dafür mehrere Mittel zur Verfügung:

- Vergleichen Sie bitte …
- Nun ist es an Ihnen, zu prüfen, ob ...
- Nehmen Sie beispielsweise …
- Nehmen Sie das als Anlass, sich näher …

An dieser Stelle Ihrer Ausführungen haben Sie die Option, ein weiteres Extra-Argument in die Rede einzuflechten. Der Zeitpunkt ist ideal, denn Sie haben das Publikum zum Mitdenken aufgefordert. Nun können Sie mit einem zusätzlichen Argument, was sogar das stärkste von allen sein kann, an Ihre Argumentationslinie anknüpfen und damit entscheidend zur Meinungsbildung unter den Anwesenden beitragen.

Führen Sie dieses Extra-Argument geschickt ein:

- Wie Sie bemerken werden, gibt es da noch etwas anderes …
- Ihnen wird auffallen, dass …
- Ein bestimmter Aspekt ist bisher noch unberücksichtigt geblieben …
- In diesem Kontext darf ich noch darauf hinweisen, dass …

An diesem Punkt kann es sinnvoll sein, etwas Persönliches in Ihre Präsentation zu integrieren, um damit die Verbindung zum Publikum zu verstärken. Emotionale Aspekte eines Themas haben immer den Vorteil, die einzelnen Anwesenden ganz persönlich anzusprechen. Natürlich hängt das aber vom Thema und der Gelegenheit ab. Verlagern Sie also den Fokus von Ihrer sachlichen Argumentationslinie, die logisch aufgebaut ist, zu Ihrer persönlichen Ansicht.

Das macht Sie glaubwürdiger:

- Ich habe die eigene Erfahrung gemacht, dass …
- Nach meinem Dafürhalten …
- Wie Sie wissen, habe/bin ich selbst …
- Ich kann mit Gewissheit sagen, dass …

Zum Schluss Ihrer Präsentation geht es darum, das Gemeinschaftsgefühl in Hinblick auf gemeinsames Handeln im Sinne eines Themas oder einer Problemstellung oder Problemlösung zu stärken. Das Ziel ist erreicht, wenn Sie die Anwesenden bewusst auf eine gemeinsame Linie festlegen können. Der beste Vortrag, die packendste Rede und die überzeugendste Präsentation ist vergeblich gewesen, wenn am Ende kein Ergebnis zu erkennen ist. Es ist schlecht für Sie als Vortragenden, als auch für Ihre Zuhörer, den Raum oder Saal zu verlassen, ohne ein Resümee mitnehmen zu können.

Je nach Thema steht am Ende auch ein Appell bzw. Call-to-Action:

- Wichtig für Sie ist es nun …
- Lassen Sie uns in Zukunft …
- Nun ist es an Ihnen …

- Denken Sie beim nächsten Mal daran, was wir heute hier gemeinsam erreicht haben.
- Versuchen Sie es selbst …

Rhetorik ist Umgang mit sprachlichen Mitteln und Fähigkeiten. Je anschaulicher und auch spannender Sie ein Thema aufbereiten können, desto mehr können Sie Ihr Publikum bewegen und überzeugen. Dabei kommt es aber auch darauf an, nicht zu viel zu reden. Nicht wenige Menschen denken, dass jemand, der viel redet, auch viel zu sagen hat und ein guter Redner ist. Egal, um welche Gelegenheit es sich handelt, die Faktenpräsentation stellt die Säulen dar, auf denen Ihr Vortrag beruht. Wenn Sie ein Argument darlegen, tun Sie dies immer mit einer Begründung und führen Sie Beleg oder Beispiele an, die Ihr Argument erhärten. Fremdsprachen sind vonnöten, wann immer es darum geht, ungewöhnliche und vielleicht sehr stichhaltige Belege zu übersetzen und Ihren Zuhörern zu präsentieren. Wenn Sie Beispiele anführen wollen, denken Sie daran, dass solche aus dem Erfahrungsbereich Ihrer Zuhörer immer eine bessere Verbindung zum Thema bilden.

Viele Redner versuchen, Fakten durch Zahlen zu belegen. Doch nichts ist anstrengender und langweiliger, als eine halbe Stunde oder länger auf eine Statistik zu schauen, die dann mühselig vom Vortragenden erläutert wird. Setzen Sie Zahlen oder Statistiken nach Möglichkeit in eingängige Sprache um. Vergleiche bieten sich an, wie z. B.: „Der monatliche Stromverbrauch einer deutschen Großstadt ist um XY höher als das, was ein kleines afrikanisches Land das ganze Jahr über verbraucht.“ Dabei achten Sie darauf, dass die dargebrachten Fakten immer auch die Vorstellungskraft ansprechen oder sogar die Sinne reizen. Setzen Sie also nüchterne Sachverhalte in griffige Schilderungen um. Abstrakte Begriffe sollten immer bildhaften, metaphorischen Darstellungen weichen.

Kurzum: Vermitteln Sie Ihre Argumente so plastisch wie möglich, denn dann bleiben die Fakten Ihren Zuhörern länger präsent. Beim Zitieren von Quellen zur Unterstützung Ihrer Argumente achten Sie darauf, dass diese auch im Allgemeinen bekannt und zeitgemäß sind. Veraltete Quellen sind vom Vortrag auszuschließen, es sein denn, Sie wollen damit auf etwas Bestimmtes hinweisen. Geht es bei Ihrem Vortrag beispielsweise um Kundenwerbung, ist es besser, immer Beispiele anzuführen, die auch zeigen, dass Sie und Ihr Unternehmen erfolgreich am Markt tätig sind. Geht es um Qualität von Waren, können Sie beispielsweise auf andere Kunden verweisen, die das zu schätzen wissen, was Sie anbieten.

Zu jeder Präsentation gehören visuelle Hilfsmittel. Das können Grafiken, Schaubilder, Illustrationen, Fotos oder Videos sein. Alles, was visuell gestaltet werden kann, hilft Ihren Zuhörern dabei, sich später besser an die Inhalte zu erinnern. Dasselbe gilt für den Einsatz von musikalischen Mitteln.

Falls Sie Anekdoten parat haben, die die Darlegung Ihrer Argumente gewissermaßen personalisieren, vermeiden Sie es nicht, Sie Ihren Zuhörern mitzuteilen. Dadurch werden gerade trockene Thema immer wieder aufgelockert. Schmücken Sie Ihre Rede auf diese Weise aus, schaffen Sie sich selbst auch einen gewissen Freiraum für spontanes Reden. Dieses rhetorische Mittel können Sie dann beispielsweise einsetzen, wenn Sie selbst nervös sind und durch Spontanität mehr Sicherheit im Reden bekommen.

Natürlich ist es von größter Bedeutung, wie Sie sprechen. Am besten ist es, die Waage zu halten zwischen einer bildhaft farbigen und einer prägnant sachlichen Sprache. Viele Redner verfallen nach einer Weile einer gewissen Geschwätzigkeit und lenken sich damit oft selbst von ihren Argumenten ab. Das kann auch passieren, wenn die Sätze zu lang und unübersichtlich werden. Nicht vielen Menschen gelingt es, so zu sprechen, wie man schreibt.

Halten Sie sich also kurz und sprechen Sie langsam. Und streuen Sie Pausen ein. Das steigert die Spannung. Grundsätzlich haben Pausen den Sinn, den Zuhörern die Möglichkeit zu eröffnen, über das, was sie gerade gehört haben, nachzudenken. Da Ihre normale Sprechgeschwindigkeit über jener Geschwindigkeit liegt, die für eine Präsentation als adäquat erachtet wird, dienen Pausen auch dazu, zu verhindern, dass die Zuhörer Ihren Ausführungen nicht mehr folgen können.

Doch wie lang sollte eine angemessene Pause sein? In der Regel können Sie von 1 – 2 Sekunden ausgehen. Bei normaler Sprechgeschwindigkeit fallen Ihnen Pausen von 1 oder 2 Sekunden natürlich als recht lang auf. Bei einer Präsentation jedoch, die ohnehin langsamer vorgetragen werden sollte, sind 1 bis 2 Sekunden angemessen.

Gut sind Pausen immer dann einzusetzen, wenn Sie einen Gedankengang oder einen Abschnitt Ihrer Argumentationslinie abgeschlossen haben und ein neuer beginnen soll. Die Psychologie der Pause ist vielschichtig. Oft werden sie nach einer bedeutenden Aussage des Redners, einem Schlüsselargument beispielsweise, eingesetzt, mit dem Ziel, die Wichtigkeit des Gesagten dem Publikum näherzubringen. Es soll sich mit anderen Worten an Ihre Worte erinnern und wird auch daran erinnert, weiterhin aufmerksam zu bleiben, um nichts zu verpassen. Es kann auch vorkommen, dass Ihr Publikum von Ihrem Vortrag überfordert wird und Sie merken, dass es ermüdet. Das zeigt sich z. B. in verstärktem Hüsteln oder Stuhlrücken unter den Anwesenden. Ist es zu einem Information-Overload gekommen, geben Sie den Anwesenden durch eine Pause die Möglichkeit, das Gehörte mental zu verarbeiten.

Eine Pause gibt Ihnen aber auch selbst die Möglichkeit, über etwas kurz nachzudenken, gibt Ihnen also eine gewisse Sicherheit und auch Selbstvertrauen, und zwar dann, wenn der Vortrag nicht so gut läuft, wie erhofft. Doch zu viele Pausen zu setzen, verunsichert so manchen Zuhörer. Es mag sogar so erscheinen, als hätten Sie Ihren Faden verloren oder Sie seien verunsichert. Pausen müssen daher gekonnt eingesetzt werden. Dann wirken Sie als Redner besonders souverän. Das gilt beispielsweise für den gesprochenen Doppelpunkt (Vgl. 70): „Das hat die Welt noch nicht gesehen. Pause. XY ist US-Präsident geworden“, „Sie haben es bereits der Presse entnehmen können. Pause. Wir werden in diesem Jahr weniger Umsatz machen“.

Wenn Sie dann noch Ihr Sprechtempo variieren und auch auf den Wechsel in der Lautstärke achten, können selbst unwichtige Inhalte spannend gemacht werden. Aber auch das Stilmittel der Wiederholung ist gut einzusetzen, um Spannung zu erzeugen.

Korrigieren Sie sich scheinbar selbst, wenn Sie sagen:

- Es ist bestürzend, nein, es ist eine Katastrophe, dass …
- Er mochte diese Frau, nein, er liebte sie so innig, dass …

Rhetorische Fragen eignen sich immer dann, wenn Sie Ihr Publikum ab und zu als Ganzes ansprechen wollen:

- Wissen wir nicht alle, dass ...
- Sind Sie nicht auch der Meinung, dass ...
- Muss ich noch extra betonen, dass ...

Spannung können Sie aber auch erzeugen, indem Sie Ihre Argumente kontrastreich vorführen:

- Im Vergleich zu jener Zeit XY können wir heute doch …

- Wir alle wissen, was damals mit XY geschah. Umso wichtiger ist es, dass …
- Ich muss nicht noch einmal auf XY verweisen, um klarzustellen, dass …

Bei allen rhetorischen Mitteln, die Sie einsetzen können, dürfen Sie jedoch nie den Fehler begehen und vergessen, auf den eigentlichen Punkt Ihrer Ausführungen zu kommen. Das ist eines der obersten Gebote. Es kommt nicht selten vor, dass das Publikum am Ende eines Vortrages nicht mehr weiß, was das ursprüngliche Thema war.

Dabei ist Reduktion angesagt. Notieren Sie Ihre Kernargumente in ihrer logischen Abfolge und dann beginnen Sie damit, diese zu reduzieren. Wenn Sie beispielsweise 6 Sätze benötigt haben, um ein Argument zu formulieren, reduzieren Sie es auf 3 Sätze. Wenn Sie 3 Sätze geschrieben haben, versuchen Sie, ob Sie es auf 2 Sätze reduzieren können. Dabei üben Sie sich in präziser Sprache. Der inhaltliche Ausbau von Argumenten ist immer einfacher als ihre Reduktion auf die Kernaussage. Doch gerade die Reduktion ist es, durch die Sie gefordert werden. Wer in der Lage ist, Argumente auf den Punkt zu bringen, genießt ein höheres Ansehen bei seinen Zuhörern als jemand, dessen Argumente ausufernd dargestellt werden.

Auf den Punkt zu kommen, bedeutet kurze Sätze, die Vermeidung von Füllwörtern, aber auch Wortformen im Konjunktiv und Passiv. Ein Satz wie: „Wir täten besser daran ...“, „Es könnte gut sein, dass ...“ sollten Sie vermeiden. Sätze wie „Es wird davon ausgegangen, dass ...“, „Es ist berichtet worden, dass ...“ sollten ersetzt werden durch beispielsweise: „Wir gehen davon aus, dass ...“ oder „Es wird berichtet, dass ...“

Den besten Einstieg wählen

Gerade weil der Einstieg in einen Vortrag oder eine Präsentation so überaus wichtig ist, sollten Sie die Möglichkeiten, die Ihnen zur Verfügung stehen, genau durchdenken. Eine ungeschriebene Regel, die von dem berühmten US-Schauspieler und Showmaster Jerry Lewis formuliert wurde, besagt: Wenn Sie die Zuhörer nicht innerhalb der ersten drei Minuten fesseln können, werden Sie sie nie fesseln können.

Die ersten Worte werden oft und richtigerweise als der Schlüssel zum Erfolg beschrieben. Auf jeden Fall können sie die Weichen stellen für eine erfolgreiche Präsentation. Wer sich Respekt verschafft, kann auch erfolgreich vor einem Publikum agieren, welches unbekannt ist. Eine Möglichkeit besteht darin, dass Sie vor allen Anwesenden bewusst einige Sekunden schweigen. Sie schauen konzentriert in das Publikum, danach ordnen Sie noch einmal Ihre Unterlagen. Währenddessen wird bereits Ruhe eingekehrt sein. Dann geht es los ...

Ein guter Anfang führt schnell zum Erfolg. Ein schlechter Anfang hinterlässt keinen positiven Eindruck bei den Zuhörern und kann in den wenigsten Fällen auch wieder wettgemacht werden. Es gibt zahlreiche direkte oder indirekte Möglichkeiten, ein Thema im Rahmen eines Vortrages, einer Rede oder einer Präsentation einzuleiten (Vgl. 71):

1. **Der Einstieg mit Effekt**
   Dieser Einstieg nutzt einen bestimmten Effekt, um die Aufmerksamkeit auf das Thema zu lenken. Dieser Effekt kann eine positive, aber auch negative Wirkung haben. Wollen Sie sich zum Thema Klimawandel äußern, können z. B. mithilfe schockierender Bilder eines Tsunami und seiner zerstörerischen Wirkung augenblicklich die Aufmerksamkeit bündeln. Aber auch Bilder von traumhaften

Landschaften, in denen Menschen es sich gut gehen lassen, können Ihnen als Anker bzw. Einstieg in ein Thema dienen. Wichtig dabei ist immer Ihre Einschätzung vom Publikum bzw. der Personen, an die die Ausführungen gerichtet sind. Auf jeden Fall haben Fotos, Bilder Videoausschnitte, bestimmte Gegenstände oder auch Musik einen emotionalen Effekt und sprechen eine Ebene an, die Sie durch Worte nur schwer erreichen können. Sie wollen beispielsweise über das Problem steigender Strompreise referieren und schalten zum Einstieg unerwartet für wenige Sekunden das Licht im Raum aus, sodass alles Zuhörer plötzlich im Dunkeln sitzen. Ein Raunen wird zu hören sein, womit Sie für alle Beteiligen einen emotional nachvollziehbaren Effekt erzielt haben. Verbunden mit Ihrem Thema wäre Ihnen sogar ein Einstieg „ohne" Worte gelungen.

2. **Der Einstieg mit Anekdote**
Mit diesem Einstieg, den man auch als Storytelling bezeichnet, stellen Sie ein persönliches Verhältnis zu Ihren Zuhörern her. Wirken Sie als Mensch sympathisch, wird es Ihnen leichter fallen, bestimmte Argumente verständlich zu machen. Die Bereitschaft des Publikums zuzuhören, muss sich der Vortragende mit dem Einstieg erst „erarbeiten". Das gilt selbst dann, wenn Sie Ihrem Publikum bereits bekannt sind. Beginnen Sie also Ihre Präsentation mit einem Erlebnis. Und verzichten Sie dabei nicht auf Humor und eine Prise Selbstironie. Hat das Publikum den Eindruck, dass Sie fähig sind, auch über sich selbst zu lachen, wird es Ihnen seriöse Inhalte eher ohne Vorbehalte abnehmen. Sie wirken mit anderen Worten nahbar auf das Publikum. Der berühmte deutsche Showmaster Hans-Joachim Kulenkampff stellte in seiner Anmoderation zur Samstagabend-Show „Einer wird gewinnen" häufig einen Bezug zum Publikum her, indem er von etwas berichtete, was er kurz vor

Beginn der Unterhaltungsshow erlebt hatte. Die Lacher waren ihm gewiss, und das Eis gebrochen.

3. **Der Einstieg mit rhetorischer Frage**
   Die Frage, die keine ist, kann einen Überraschungseffekt haben. Wenn Sie Ihre Zuhörer nicht mit dem stereotypen „Guten Tag, mein Name ist ..." begrüßen, haben Sie die Möglichkeit, von vornherein als interessanter Referent angesehen zu werden, dem man auch zuhören möchte. Beginnen Sie ihren Vortrag beispielsweise mit der Suggestivfrage „Was meinen Sie, wie lange werde ich es schaffen, dass Sie mir zuhören?" Wenn es thematisch um eine Problemstellung geht, könnten Sie sagen: „Sind Sie von dem Thema genervt, über das ich referieren will? Wenn ja, dann sitzen wir in einem Boot." Ein Vortrag über die negativen Folgen des Klimawandels wäre vielleicht so zu beginnen: „Ist hier jemand unter den Anwesenden, der sich noch nicht gewundert hat, warum die Winter immer so warm sind?" Eine Meinungsfrage könnte lauten: „Wer von Ihnen hat heute noch nicht sein Handy angeschaltet?" Wenn Sie es besonders geschickt anstellen wollen, nehmen Sie am Ende des Vortrages noch einmal Bezug auf Ihre Eingangsfrage und lassen diese Ihr Publikum selbst beantworten. Doch Sie sollten sich dabei sicher sein, dass die Antwort im Sinne Ihres Vortragsziels positiv ausfällt.

4. **Der gegliederte Einstieg**
   Wählen Sie diese Variante, informieren Sie Ihre Zuhörer in kurzen und präzisen Worten über das, was Sie erwartet. Dabei können Sie „Teaser" einbauen. Das sind „Appetitanreger", die die Lust des Publikums auf Ihre Ausführungen wecken sollen. Sagen Sie z. B.: „Seien Sie willkommen zu meiner Präsentation zum Thema XY.

Zunächst ein kurzer Überblick über die Themen, die ich anspreche. Beginnen werde ich mit ..."

5. **Der Einstieg mit Zitat**
Wenn Sie Ihre Präsentation mit dem Ausspruch einer berühmten Persönlichkeit beginnen, erzeugen Sie nicht nur mehr Aufmerksamkeit, Sie stellen das, was Sie sagen werden, auch in einen erweiterten Kontext. Halten Sie einen Vortrag zu einem trockenen Wirtschaftsthema, dann wird das Zitat eines antiken Dichters oder Philosophen den Rahmen des Vortrags sofort auf eine andere Ebene heben. Mit Zitaten verleihen Sie Ihren Ausführungen eine scheinbar objektive Relevanz, die über Ihre persönlichen Ansichten hinauszugehen scheint und Sie glaubwürdiger erscheinen lässt.

6. **Der Einstieg mit Übertreibung**
Dieser Einstieg bedeutet, dass Sie mit der Kernaussage Ihrer Präsentation beginnen. Doch nicht im strikt argumentativen Sinne, sondern in überhöhter Form. Geht es beispielsweise um die Bedeutung von AI für Ihr Unternehmen, dann können Sie sagen: „Schon morgen werden wir alle ohne AI nicht mehr leben können." Eine Übertreibung sorgt für augenblickliches Interesse und Aufmerksamkeit und weckt die Neugier auf das, was noch kommt.

7. **Der Einstieg mit Rhetorikelementen**
Wählen Sie einen Einstieg mithilfe rhetorischer Figuren, wie z. B. Metaphern, Gleichnissen oder Euphemismen, dann regen Sie Ihre Zuhörer sofort zum Nach- und Mitdenken an. Diese müssen die bildhafte Mitteilung selbst umsetzen, wodurch sie inspiriert und motiviert werden, weiter zuzuhören. Steht am Ende eine erfolgreiche Auflösung für das Publikum, verlässt es die Präsentation

mit einem Erfolgsgefühl. Halten Sie einen Vortrag über die Finanzmärke, könnten Sie beispielsweise wie folgt beginnen: „Ob die Investoren wohl merken, dass sie eine rosarote Brille aufhaben?“, oder „Bekanntlich setzen die Akteure des Casino-Kapitalismus gerne auf Zero. Doch gibt es überhaupt noch solche, die sich auch mit den einfachen Chancen zufriedengeben?“

Störungen & Einwände kontern

In der Regel werden die Fragen der Zuhörer zu einer Präsentation gestellt, wenn diese beendet wurde. Es gibt natürlich aber immer auch Zwischenrufe und dringende Nachfragen, die ein Zuhörer sofort beantwortet haben möchte. Egal wie gut Ihre Ausführungen durchdacht sind, mit Fragen, die Ihre Argumentationslinie attackieren und in dieser Hinsicht für die positive Rezeption Ihrer Präsentation ein Risiko darstellen, müssen Sie immer rechnen. Auch wenn manche Fragen oder Einwände sachlich irrelevant sind, sie haben schon so manchen Referenten aus dem Konzept gebracht. Es gibt mehrere Möglichkeiten, um auf derartige Fragen oder Störungen zu reagieren. Eine ist die des Zeitgewinns. Dabei antworten Sie erst einmal beispielsweise auf diese Weise (Vgl. 72):

- Ihre Frage ist sehr interessant …
- Eine berechtigte Frage, auf die ich gleich eingehen werde …
- Ich danke Ihnen dafür, dass Sie diesen wichtigen Punkt ansprechen …

Mit diesen Antworten verschaffen Sie sich Zeit, Ihre Argumentation kurz zu überdenken. Sie haben zum einen Zeit gewonnen, zum anderen geben Sie dem Fragesteller das Signal, dass Sie auf ihn oder sie eingehen. Falsch ist es, Einwände oder riskante Fragen sofort zu beantworten. Lassen Sie sich immer Zeit. Es gibt

Zuhörer, die negative Schlüsse daraus ziehen könnten, wenn Ihre Antwort wie aus der Pistole geschossen folgt. Sie könnten nicht souverän oder bedacht genug wirken. Gehen Sie die Antwort ruhig an. Das signalisiert, dass Sie ein Mensch sind, der abwägt. Ihre Antwort sollte in jedem Fall ebenfalls ruhig und gelassen ausfallen.

Verwenden Sie keine offensiven oder aggressiven Worte, die manchen Anwesenden im Publikum verraten könnten, der Fragesteller hätte recht oder Ihre Argumentationsweise sei nicht ganz durchdacht. Am besten ist es, den Einwand zu beleuchten. Das bedeutet, dass Sie ihn von mehreren Seiten kommentierend aufgreifen.

Sie könnten dann z. B. sagen:

- Sie haben natürlich recht, was das betrifft. Doch haben Sie in diesem Fall Punkt XY nicht weiter bedacht …
- Tatsächlich ist es möglich, darin einen Nachteil zu sehen. Doch Sie müssen dabei auch bedenken, dass …
- Auf der einen Seite pflichte ich Ihnen durchaus bei, auf der anderen Seite jedoch …
- Ihr Einwand ist berechtigt. Doch haben Sie nicht bedacht, dass …

Eine andere Möglichkeit ist es, der brenzligen Frage auszuweichen bzw. die Antwort hinauszuschieben:

- Ich werde mir Ihren Einwand notieren und mich darüber genau informieren …
- Dazu müssen wir erst die betroffenen Personen hören. Insofern kann ich dazu hier an dieser Stelle nichts Abschließendes sagen.
- Ihre Bedenken sind angebracht, berücksichtigen Sie aber auch, dass ich zum gegenwärtigen Zeitpunkt dazu nichts sagen kann …

Auf diese Weise signalisieren Sie, dass Sie die Frage ernst nehmen und sich trotzdem nicht von Ihrer Argumentationslinie abbringen lassen. Nur wenn Sie absolut sicher sind, dass Publikum auf Ihrer Seite zu haben, könnten Sie wie folgt antworten:

- Danke für Ihren Einwand. Bei genauerer Erwägung der Umstände, werden Sie aber sofort merken, dass …
- Ich denke, diese Frage ist bereits beantwortet worden, und zwar …
- Wissen Sie nicht, dass das bereits beantwortet wurde?

Auf keinen Fall sollten Sie unüberlegt und voreilig antworten. Ihre Zuhörer könnten zu dem Schluss kommen, dass Sie nicht in der Lage sind, niveauvoll mit Ihren Kritikern umzugehen. Rechthaberei hat bei einem Vortrag oder einer Präsentation nichts zu suchen. Lassen Sie sich also nicht auf unschlüssige Diskussionen ein. Es gibt immer Zuhörer, die den Vortragenden aus der Deckung locken wollen. Gehen Sie nicht darauf ein und bleiben sie unanfällig gegenüber Störungen dieser Art. Eine andere Methode, den Spieß umzudrehen, besteht darin, den Redestil zu ändern. Wenn Sie in der Ich-Form referiert haben, wechseln Sie in die Sie-Form und sprechen Sie den Fragesteller damit direkt an:

- Versetzen Sie sich doch bitte einmal in die Lage von XY …
- Wie würden Sie es machen? Stellen Sie sich einmal vor …
- Ist schon einmal jemand mit dieser Forderung an Sie herangetreten?
- Wie würden Sie reagieren, wenn …?
- Wie Sie selbst sehen können …

Viele Fragesteller lassen sich durch eine direkte Ansprache aus dem eigenen Konzept bringen, zumal dann, wenn es sich um einen unsachlichen Einwand handelt. Sie fühlen sich mit anderen Worten ertappt und von den anderen Anwesenden beobachtet.

Nach Fragen, Einwänden oder Störungen sollten Sie die Gelegenheit nutzen, um noch einmal Ihre Kernpunkte zu wiederholen. Vermeiden Sie es, dass das Publikum mit dem Eindruck einer Diskussion zwischen Ihnen als Vortragenden und einer anderen Person als Fragesteller und Herausforderer die Präsentation verlässt. Wenn Sie Ihre Argumentation noch einmal auf den Punkt bringen, seien Sie eindringlich bei Ihrer Wortwahl. Lesen Sie nicht von Ihrer Vorlage ab. Sprechen Sie frei und ausdrucksstark und schauen Sie direkt ins Publikum. Beenden können Sie Ihre Ausführungen mit einem Appell zum Handeln, und wählen Sie Sätze wie:

- „Wenn wir dies berücksichtigen, dann werden wir in Zukunft mehr Erfolg haben."
- „Gehen wir gemeinsam so vor, werden wir keine Rückschläge mehr erleiden."
- „Lassen Sie uns so weitermachen wie bisher. Dann haben wir auch Erfolg."

Der Schluss einer Präsentation ist genauso wichtig wie ihr Beginn. Der Einstieg dient dazu, das Eis zwischen Vortragendem und Publikum zu brechen, der Schluss dazu, das Publikum mit einem positiven Eindruck zu entlassen. In der Regel vermitteln Sie Ihren Zuhörern in der Schlussphase keine neuen Argumente mehr. Diese stellten Sie im Mittelteil vor. Natürlich kann es Ausnahmen geben. Es ist möglich, die Zuhörer zum Schluss auf Konsequenzen hinzuweisen, auf Ziele aufmerksam zu machen oder aber einen Leitsatz zu verkünden, der gewissermaßen die Schlussfolgerung aus Ihren Argumenten darstellt (Vgl. 73). Vermeiden sollten Sie unbedingt das stereotype „Ich danke Ihnen für Ihre Aufmerksamkeit" usw. Damit vergeben Sie eine Chance, Ihr Publikum noch einmal zu motivieren. Es besteht die Möglichkeit, den Aspekt des Kollektivs bzw. des gemeinsamen Handelns herauszustellen, wie z. B.:

- „Jetzt haben Sie erkannt, worum es wirklich geht."
- „Auf Grundlage dieser Fakten können wir nun alle gemeinsam …"
- „Gemeinsam können wir nun zuversichtlich in die Zukunft schauen."

Die Bedeutung der Stimme

Jeder kennt sie: Die Stimmen aus Film und Fernsehen …

Da ist die warme sonore Stimme, der man stundenlang zuhören könnte. Da ist die raue Stimme, die wie keine andere Bilderwelten von Freiheit und Abenteuer transportieren kann. Da ist die zärtliche Stimme, bei der Sie als Zuhörer am liebsten sofort zerfließen möchten. Und da ist die glasklare sachliche Stimme, die Ihnen wie keine andere auch die schwierigsten Fakten vermitteln kann.

Wenn Sie eine solche Stimme haben, werden Sie bereits gemerkt haben, welchen Effekt sie bei anderen Menschen haben kann. Doch was, wenn nicht? Auch wenn Sie keine Stimme haben, die aus einer großen Menge von Menschen sofort herauszuhören ist, ist es möglich, Ihre Stimme zu modulieren und sie zu trainieren. Es gibt viele Redner, deren Erfolg weniger auf dem Inhalt des Gesagten beruht, sondern vielmehr auf dem geschickt geplanten Einsatz ihrer Stimme. Sie können nur mittels der Modulation Ihrer Stimme ein fesselndes Thema langweilig machen oder aber ein langweiliges Thema fesselnd darbringen.

Wenn Sie neben der Körpersprache auch Ihre Stimme bewusst einsetzen wollen, sollten Sie eine Regel kennen: Nichts ist langweiliger als ein monotoner Redner. Das gilt besonders für Präsentationen, die beispielsweise online durchgeführt werden, bei denen Ihnen außer Ihrer Stimme nicht viele Darstellungsmittel zur Verfügung stehen. Die Stimme verrät Ihre Stimmung und gibt so manche Auskunft über Ihre Persönlichkeit. Mit ihr ist es Ihnen möglich, Expertise und Souveränität zu vermitteln.

Natürlich können Sie aus einer sonoren Stimme keine raue Stimme machen. Aber Sie können sie modulieren. Bei einer Präsentation ist z. B. darauf zu achten, dass sich Ihre Stimme zum Ende eines Satzes hin möglichst vertieft. Hoch und tief sollten sich angepasst an den Inhalt der Sätze immer abwechseln. Vermeiden Sie es mit gleichbleibender und die Zuhörer ermüdenden Stimme zu sprechen. Besondere Inhaltspunkte, Höhepunkte in Ihrer Argumentation oder Appelle an die Anwesenden, müssen mit hoher Stimme artikuliert werden. Nur bei rhetorischen Fragen ist es zulässig, dass Sie Ihre Stimme zum Ende hin erhöhen (Vgl. 74).

Das Stimmverhalten steht dabei im Gegensatz zum normalen Sprechen, bei dem die Stimme meistens zum Ende eines Satzes hin erhöht wird. Wird Ihre Stimme tiefer, signalisieren Sie dem Publikum, dass ein Gedankengang beendet wurde und ein neuer Gedankengang folgt. Eine andere Möglichkeit das anzuzeigen, besteht darin, eine kurze Pause von 1 bis 2 Sekunden einzulegen. Doch bei der Stimmmodulation ist auch einiges an Feingefühl gefragt. Nicht selten kommt es vor, dass Redner zu laut oder zu leise sprechen, was von den Anwesenden dann moniert wird. So weit sollten Sie es nichtkommen lassen. Versuchen Sie, Ihre Stimme so natürlich wie möglich einzusetzen.

Wenn Sie nicht sicher sind, fragen Sie einen Freund, ob Ihre Stimme zu laut oder zu leise ist und ob Sie gut verständlich sind. Plötzliche Sprünge in der Lautstärke Ihrer Stimme sollte Sie auch vermeiden. Damit verunsichern Sie die Anwesenden, wirken selbst irritiert, schlecht vorbereitet und oft auch nicht authentisch und kompetent. Aus diesen Gründen ist es wichtig, eine Präsentation vor Publikum zu üben, besonders dann, wenn Sie selbst noch unsicher sind, was Ihre Stimme betrifft.

Beim Üben sollten Sie Ihren Fokus am besten auf jene Passagen in Ihrem Vortrag legen, die komplex und lang sind. Lange Sätze können durch Betonungen, Stimmvariationen und Pausen besser verständlich dargebracht werden. Doch begehen Sie nicht den Kardinalfehler, um auf der sicheren Seite zu stehen: Lernen Sie Ihren Vortrag oder Ihre Präsentation niemals auswendig. Es gibt nicht viele Redner, die einen auswendig gelernten Vortrag auch ausdrucksstark und natürlich vermitteln können.

Nachstehend einige Tipps, die Sie beherzigen sollten, wenn es um den Einsatz Ihrer Stimme geht:

- **Ausreichend Flüssigkeit aufnehmen**
  Trinken Sie vor einer Präsentation viel Flüssigkeit. Damit befeuchten Sie Ihre Stimmbänder. Aber auch während eines Vortrags ist es angebracht, immer wieder etwas zu trinken. Vergessen Sie also nicht das Mineralwasser oder den Tee zur Hand zu haben.

- **Ausgeruht sein**
  Weil Sie Ihre Stimme vor einer Präsentation schonen sollten, versuchen Sie, so ausgeruht wie möglich zu sein.

- **Aufrecht stehen**
  Nicht wenige Redner nehmen bei einer Präsentation eine eher verkrampfte Körperhaltung ein, was ihrer Nervosität zu schulden ist. Stehen Sie immer aufrecht und verteilen Sie Ihr Körpergewicht gleichmäßig auf beiden Füßen. Ein eingesunkener Brustkorb lässt Ihre Stimme „einsinken“ und

Sie können nicht das volle Volumen nutzen. Außerdem lässt Sie diese Körperhaltung unsicher erscheinen.

- **Ruhig atmen**
  Wichtig ist auch die Atmung, die ruhig und tief sein sollte. Versuchen Sie, so gut wie möglich über das Zwerchfell zu atmen, was man auch als Bauchatmung bezeichnet. Eine nervöse Schnappatmung lässt Ihre Stimme stocken. Außerdem kann es passieren, dass Sie zu hyperventilieren beginnen. Sie sollten also vor jedem komplexeren Satz tief einatmen, damit Sie genügend Ausdauer haben, diesen stimmlich zu modulieren. Wichtig ist immer, dass Sie ausreichend Luft zur Verfügung haben, um ungehindert frei reden zu können. Holen Sie mitten in einem Satz Luft oder müssen Sie sogar nach Luft schnappen, machen Sie eine ungewollte Pause, die wiederum auf Ihre Zuhörer irritierend wirkt.

- **Stimmresonanz entwickeln**
  Die richtige Stimmresonanz haben Sie, wenn die Stimme aus dem Brustkorb kommt. Ist die Stimmresonanz ausgeglichen, bedeutet das, dass Sie Ihre Stimme nicht erhöhen, wenn Sie die Lautstärke erhöhen. Ihre Stimme bleibt auch bei erhöhter Lautstärke immer noch tief.

- **Präsentation aufnehmen**
  Medial stehen Ihnen heute viele Möglichkeiten zur Verfügung. Nutzen Sie diese, um z. B. einen Vortrag probehalber aufzunehmen. Überprüfen Sie dann Stimme und Ausdrucksweise.

- **Gelassen sprechen**
  Hektisches Sprechen verrät Unsicherheit und bedingt, dass Sie sich häufig versprechen und verhaspeln. Ein hektischer Redner möchte seine Rede oft schnell beenden, was den

Eindruck mangelnder Kompetenz hinterlässt. Denken Sie darum immer daran, vor einem langen Satz tief Luft zu holen. Üben Sie das zu Hause vor dem Spiegel, denn das Luftholen sollte während einer Präsentation möglichst unbemerkt vonstattengehen.

- **„Hmmmm" als Indikator**
  Sie können Ihre Stimmfrequenz und Stimmlautstärke herausfinden, indem Sie einfach laut „Hmmmm" sagen und daran einen Satz anhängen. Dadurch können Sie sich auf jene Tonlage einstimmen, die für Ihre Zwecke die geeignetste ist.

- **Sprechgeschwindigkeit beachten**
  Hektisches oder hastiges Vortragen wird keinen Zuhörer lange fokussiert halten. Wer etwas hastig vorträgt, verschluckt auch oft Wörter, sodass vieles vom Publikum nicht verstanden werden kann. Das wiederum erhöht die Wahrscheinlichkeit, dass es Zwischenfragen oder Einwände gibt, was Sie wiederum aus dem Konzept bringen kann. Begeben Sie sich nicht in diesen Teufelskreis, indem Sie vorher auf Ihre Sprechgeschwindigkeit achten und dafür sorgen, dass Ihre Botschaft auch von den Zuhörern empfangen wird.

- **Deutlich sprechen**
  Besonders Präsentationen, in denen der Vortragende mit Fremdwörtern agiert, werden nicht selten zu Geduldsübungen für die Zuhörer. Aus diesem Grund sollten Sie alle Fremdwörter und Fachwörter immer richtig und deutlich aussprechen. Wenn Sie nicht sicher sind, schlagen Sie die Aussprache nach. Wer sich als Experte ausgibt und Fachbegriffe falsch ausspricht, wirkt unseriös. Um deutlich sprechen zu lernen, können Sie Ihren Vortrag üben oder sich an Zungenbrechern versuchen.

11. Sprechen ist mehr als Sprache

Die Bedeutung der Körpersprache zur Unterstützung des gesprochenen Wortes ist mehrfach angesprochen worden. Wenn Sie Ihren Körper bewusst einsetzen können, ist seine Sprache geradezu universell. Es gibt kein Land der Erde, in dem sie nicht verstanden werden würde.

Mit der nonverbalen Kommunikation haben Sie ein effektives Werkzeug in der Hand, mit dem Sie die Sympathie anderer Menschen wecken und sie von Ihrem Gesprächsanliegen überzeugen können. Oder aber Sie schaffen es nicht und erreichen das Gegenteil. Tatsächlich kann Ihnen die falsche Körpersprache das wieder zerstören, was Sie verbal versucht haben aufzubauen.

Etwa 80 % der Kommunikation sind auf die Körpersprache zurückzuführen. Auch wenn Sie nur in einem Stuhl sitzen, sich unterhalten und denken, Sie würden sich nicht viel bewegen und gestikulieren. Dann ist es die Arbeit Ihres Mundes und das Augenspiel, das mehr über Sie verraten kann als das beste und geschickteste Rhetorik-Konzept. Man kann es nur schätzen, aber Ihr Körper verfügt über die Fähigkeit, sich in über 1.000 verschiedenen Körperhaltungen auszudrücken, mit einer Viertelmillion mimischen Varianten und 5.000 Gesten (Vgl. 75).

Während Sie Ihre Körperhaltung mit einiger Übung gut kontrollieren können, sind es Gesten und Mimik, die in der Regel schwerer kontrollierbar sind. Aus diesem Grund werden Sie auch als „wahrhaftiger“ angesehen. Treffen Sie auf einen Menschen, den Sie nicht kennen, sind es folgende Faktoren, die noch vor dem ersten Wortwechsel entscheiden können, wie Sie von Ihrem Gegenüber gesehen und eingeschätzt werden:

- Haltung
- Gestik und Mimik, auch Augen- und Mundspiel
- Sprache, Artikulation, Tonlage, Sprechtempo und Betonung
- Kleidung

Ausgehend von den Studien der US-Psychologen Paul Ekman und Wallace V. Friesen aus dem Jahre 1969 unterscheidet man heute in der Regel fünf Formen der Gestik (Vgl. 76):

- **Illustratorische Gesten**
  Mit diesen Gesten sind Sie in der Lage, das Gesagte zu illustrieren. Sind Sie z. B. freudig überrascht, einen alten Freund wiederzusehen, öffnen Sie bei der Begrüßung weit beide Arme. Wollen Sie Ihrem Gegenüber illustrieren, wie viel Stapel Arbeit Sie in Ihrem Büro abarbeiten müssen, werden Sie es mit einer aufsteigenden Handgeste tun. Ist es Ihre Absicht, jemanden zu verdeutlichten, wie schwer und schweißtreibend Sie gearbeitet haben, werden Sie sich mit der Hand illustratorisch über die Stirn wischen.

- **Emblematische Gesten**
  Diese Gesten sind durch Kultur und Gesellschaft festgelegt und variieren natürlich stark. Nicken und Kopfschütteln sind Embleme für verbale Bejahung und Verneinung. In asiatischen Kulturen, die vom Buddhismus geprägt sind, ist es üblich, bei der Begrüßung die Hände vor der Brust

nach oben zeigend zu falten. Im Abendland dagegen gilt dies ausschließlich als Geste des Betens. Aber auch der Begrüßungskuss ist eine emblematische Geste, die in manchen Kulturen der Welt geschlechtsunspezifisch üblich ist. Emblematische Gesten kommen beispielsweise in der Gebärdensprache zum Einsatz.

- **Adaptorische Gesten**
  Dieser Gesten-Typus ist unbewusst. Adaptoren werden von Menschen bereits in der Kindheit entwickelt und adaptiert. Sind Sie unruhig oder gestresst, kann es passieren, dass Sie sich ans Ohrläppchen fassen. Haben Sie etwas falsch gemacht oder sind Sie unschlüssig, könnten Sie sich auf die Oberlippe beißen oder aber sich an der Nase kratzen.

- **Regulatorische Gesten**
  Regulatoren sind bewusst wirkende Gesten. Ihre Aufgabe ist es, etwas zu regulieren. Wenn Sie beispielsweise in Ihrem Redefluss unterbrochen werden, signalisieren Sie Ihrem Gegenüber durch eine Handgeste, dass Sie weitersprechen wollen. Soll jemand schweigen, legen Sie den Zeigefinger auf Mund und Lippen.

- **Affektgesten**
  Gesten, die im Affekt erfolgen, sind in der Regel emotional motiviert. Sie geschehen unwillkürlich, Sie können sie schwer kontrollieren. Wenn Sie von etwas oder jemandem überrascht werden, öffnen Sie unwillkürlich Ihren Mund, was man als Mikrogeste bezeichnet. Sind Sie mit etwas nicht einverstanden, ziehen Sie Ihre Augenbrauen zusammen.

Power-Posing

Von Power-Posen oder machtvollen Körperhaltungen, die zum kommunikativen Erfolg beitragen, ist oft die Rede, wenn es um effektive Körpersprache geht. Es war die US-Psychologin Amy Cuddy von der Business School in Harvard, die in ihren Publikationen zu machtvollen Gesten Power-Posen empfiehlt (Vgl. 77):

Dabei geht es grundsätzlich darum, dass Sie bestimmte Siegerposen nachahmen und für sich nutzen. Die bekannteste Siegerpose, die Sie vielleicht kennen, ist es gerade, aufrecht und mit gehobener, etwas nach vorne geschobener Brust fest und sicher auf dem Boden zu stehen.

Besonders berücksichtigt werden beim Power-Posing die positiven Wirkungen auf das Gehirn und Ihre Psyche. Cuddy unterscheidet zwischen zwei Typen von Posen: Low-Power Poses, d. h. machtlose Gesten, und High-Power-Poses, d. h. machtvolle Gesten. Anders ausgedrückt sind dies jeweils geschlossene und enge Gesten, die sich negativ auswirken, und entspannte und offene Gesten, die sich positiv auswirken (Vgl. 78).

Hier geht es um die positiven Körperhaltungen, bei denen Energie freigesetzt wird, die stärkende Effekte auf Ihr Selbstbewusstsein beim Auftreten hat. Durch Power-Posing werden metabolische Prozesse in Gang gesetzt, die wiederum vorteilhaft für Ihren Hormonhaushalt sind. Genauer gesagt bewirken Power-Gesten, dass Ihr Testosteronspiegel steigt, während Ihr Cortisolspiegel sinkt. Dadurch fühlen Sie sich stärker und sicherer bei dem, was Sie tun. Da bestimmte Situationen Stress erzeugen, ist Ihr Organismus evolutionär auf eine Fluchtreaktion programmiert.

Die Steuerung darüber übernimmt das limbische System. Kommt es beispielsweise zu einem wichtigen Gespräch zwischen Ihnen und Ihrem Chef im Büro, werden Stresshormone ausgeschüttet, die zur Folge haben, dass Fluchtreflexe einsetzen, die Sie z. B. dazu bewegen, das Gespräch abzubrechen. Doch das limbische System kann überlistet werden, und zwar, indem Sie immer an die positive Wechselwirkung zwischen positivem Denken und einer machtvollen Körperhaltung denken. Sagen Sie sich beispielsweise: „Ich werde siegen!“, „Ich werde gewinnen!“, „Ich werde der Bessere sein!“ Die biomechanische Wirkung dieses Wechselspiels zwischen Körper und Geist lässt dann nicht lange auf sich warten. Sie nehmen eine starke Körperhaltung ein, da Ihre Körperspannung steigt. Ihre Muskeln werden aktiviert, ausladende Power-Gesten führen dazu, dass Ihre Gelenke, Sehnen und Bänder zusätzlich verstärkt werden. Sie werden aufmerksamer, Ihr gesamter Körper bereitet sich auf eine offensive Aktion vor, bei der es darum geht, höchste Konzentration aufrechtzuerhalten.

Cuddy und andere Psychologen postulieren, dass der Zugang zum Gehirn über Power-Posing direkter und daher wirkungsvoller ist als beispielsweise positive Affirmationen bzw. Leitsätze, mit denen man das eigene Selbstbewusstsein unterstützen, stärken und aufbauen kann.

Nachstehend einige Beispiele machtvoller Gesten. Um einen Effekt im Gehirn zu erzielen, sollten Sie diese Gesten mindestens 2 Minuten lang beibehalten:

1. **Power-Pose „Der Superheld/die Superheldin“**
   Diese Geste wird auch als Superman- oder Wonderwoman-Pose bezeichnet und besteht darin, dass Sie sich so hinstellen, dass Ihre Füße mehr als schulterbreit auseinanderstehen, wobei Sie Ihre Hände in die Hüften

stemmen und Ihr Schultern ein wenig nach hinten ziehen. Zusätzlich wird der Brustkorb nach vorne geschoben und das Kinn angehoben.

2. **Power-Pose „John Wayne“**
Diese Westernheld-Pose ahmt die Körperhaltung des berühmten US-Schauspielers John Wayne nach. Dabei stellen Sie sich so hin, dass das eine Bein etwas vor das andere gesetzt ist, und legen beide Arme seitlich auf die Hüften etwa auf Gürtelhöhe auf. Sie können Ihren Körper dabei noch leicht nach vorne beugen.

3. **Power-Pose „The Winner is ...“**
Diese Geste erinnert an einen Sportler, der nach Passieren der Zielgeraden seine Arme spontan in die Höhe reckt. Stellen Sie sich also gerade hin und machen Sie sich dabei so groß wie möglich. Dann reißen Sie Ihre Arme in die Luft.

4. **Power-Pose „Mr. President“**
Diese Geste ist auch als Obama-Pose bekannt geworden. Dabei legen Sie Ihre Füße auf den Tisch vor Ihnen und verschränken Ihre Armen hinter dem Kopf.

5. **Power-Pose „The Performer“**
Diese Power-Pose wurde auch nach dem berühmten US-Popstar Mick Jagger benannt, der bei seinen Bühnenauftritten dafür bekannt ist, Arme und Hände in die Luft vorzustrecken, um buchstäblich in den Applaus des Publikums eintauchen zu wollen. Durch diese offensive Geste wird die körperliche Erscheinung zusätzlich verbreitert.

6. **Power-Pose „Der Chef“**
   Bei dieser Geste sitzen Sie, legen Ihren Arm locker auf die Stuhllehne, spreizen Ihre Beine und lehnen sich entspannt zurück. Eine Variante davon besteht darin, die Arme hinter dem Kopf zu verschränken, während die Beine gespreizt sind.

Wenn Augen, Mund und Hände sprechen

Es ist eine Tatsache, die durch zahlreiche Studien belegt wird, dass die Erstorientierung beim Zusammentreffen zweier Menschen immer zuerst am Gesichtsausdruck erfolgt. Dabei spielen die Augen eine besondere Rolle, gelten sie doch schon immer als das Fenster zur Seele.

Augen erzählen mehr als viele Worte. Sind Sie traurig und geben Sie sich dennoch glücklich, wird Ihr Gegenüber dennoch etwas von Ihrer Traurigkeit erfahren. Sind Sie wütend und wollen Sie sich krampfhaft locker und entspannt geben, wird auch das nicht funktionieren, wenn die Augen nicht mitmachen. Erkennen Sie dies bei Ihrem Gesprächspartner, dann verlagert sich die Aufmerksamkeit, die Sie Ihrem Gegenüber entgegenbringen, auch auf andere Gesichts- und Körperpartien. Man spricht daher auch häufig von einer „Dreiheit“ aus Augen, Mund und Händen (Vgl. 79).

Was lässt sich also aus dem Augenspiel über eine Person ablesen?

- Häufiges Blinzeln signalisiert Unterwürfigkeit, aber auch emotionale Anteilnahme.
- Starre Augen signalisieren Selbstsicherheit und Stärke.
- Fixierende Augen wirken einschüchternd.
- Prüfende Augen wirken verunsichernd.
- Stark erweiterte Pupillen signalisieren Angst, aber auch Aufmerksamkeit.

- Stark zusammengezogene Pupillen signalisieren Widerstand und Ekel.
- Zusammengekniffene Augenbrauen signalisieren Wut.
- Ungleiche Pupillenreflexe signalisieren Krankheit.
- Wird der Blickkontakt abgelehnt, besteht kein Interesse.
- Ist der Blick gesenkt, kann das ein Hinweis auf Unsicherheit, aber auch Ablehnung sein.
- Schräger Blick signalisiert Geringschätzung.
- Kurzes Anheben der Augenbrauen signalisiert Sympathie oder Freude.
- Bewegungslose Augenbrauen signalisieren Neutralität, aber auch ausbleibende Sympathie.
- Unstete Augenbewegungen signalisieren Desinteresse, aber auch Arroganz.

Zur „Dreiheit" gehören aber auch die Hände, die z. B. folgende nonverbale Botschaften übermitteln können:

- Wird der Finger an die Nase gelegt, können Einspruch oder Bedenken signalisiert werden.
- Wird mit den Fingern auf dem Tisch getrommelt, können Nervosität, Ungeduld oder Provokation signalisiert werden.
- Werden die Hände gefaltet, werden Arroganz oder Überlegenheit signalisiert.
- Die Hände vor den Mund zu halten, kann signalisieren, dass etwas, das gesagt wurde, revidiert werden soll. Es kann aber auch Unsicherheit ausdrücken.
- Wer sich die Hände reibt, signalisiert Überheblichkeit oder Selbstherrlichkeit.
- Die Hände über den Kopf zu legen, ist ein Zeichen für Überlegenheit und Unangreifbarkeit.
- Wer mit den Fingern herumspielt, zeigt Nervosität, Unbeteiligtsein oder Desinteresse.

- Wer den Kopf in seine Hände stützt, demonstriert Müdigkeit, Langeweile oder Nachdenklichkeit.
- Kopfkratzen ist ein Zeichen für Unsicherheit.
- Wer seine Arme verschränkt, signalisiert seine Ablehnung oder Verschlossenheit, aber auch Unsicherheit.
- Die Arme hängen zu lassen, unterstreicht ein Überlegenheitsgefühl.
- Wer seine Hände in den Hosentaschen hat, kann Stärke, aber auch Gleichgültigkeit signalisieren.
- Die Hände zu einem Dach zu formen, ist ein Zeichen für Überheblichkeit und Unangreifbarkeit.
- Die Hände zu einer Raute zu formen, was man auch als Eisbrecher-Haltung bezeichnet, ist ein Zeichen für eine Abwehr- oder Schutzmaßnahme.
- Die Hände bei abstehenden Fingern zu falten, ist ein Zeichen für eine defensive Einstellung.

Die „Dreiheit" wird durch den Mund bzw. die Mundpartie komplettiert:

- Ständiges Lächeln wirkt stereotyp und aussagelos, aber auch selbstherrlich, selbstgerecht und arrogant.
- Ein Lächeln, bei dem die Zähne zu sehen sind, was man auch als Piranha-Lächeln bezeichnet, verrät inszenierte Freundlichkeit und gespielte Selbstkontrolle, aber auch Beliebigkeit.
- Gequältes Lächeln signalisiert Ironie, Überheblichkeit, aber auch Schadenfreude.
- Wer ständig seinen Mund offen hält, wirkt unintelligent.
- Wer, statt zu lächeln, nur den Mundwinkel verzieht, wirkt arrogant und zynisch.
- Gepresste Lippen signalisieren Ärger, Verbitterung und Unzufriedenheit.

12. Schlusswort

Über das Wesen der Sprache, der Sprachfamilien, die Eigenarten der Kommunikation, mehrere Kommunikationsmodelle, über Wortschatz-Erweiterung, rhetorische Prinzipien und Tipps zur Rhetorik, sowie praktische Übungen zur Verbesserung Ihrer Ausdrucksweise und die vielfältigen Aspekte der Körpersprache sind Sie in diesem Buch umfassend und mit vielen weiterführenden Quellen informiert worden. Der Verbesserung Ihrer Ausdrucksweise steht also nichts mehr im Wege …

Aber da war noch ein weiterer Punkt, der mit vielen Einzelheiten erläutert wurde: das Mindset und die Bedeutung Ihres positiven Selbstbilds für erfolgreiches Lernen und eine ebensolche Sprachpraxis. Abschließend soll noch einmal darauf hingewiesen werden, dass die individuelle Ausdrucksweise eines Menschen, wie Sie erfahren haben, nicht auf die Sprache reduziert werden darf. Das zu tun, würde bedeuten, an der Vielschichtigkeit der Kommunikation als solcher vorbeizugehen. Sie haben Ausdrucksweise als etwas Multiples kennengelernt, bei dem mehrere Faktoren immer zusammenwirken müssen. Auf verschiedenen Ebenen, die durch Sie selbst zu einem Ganzen zusammengefügt werden. Am Grunde dieser multiplen Interaktion von Individuum, Sprache, sowie nonverbalen und paraverbalen Faktoren steht Ihre ganz persönliche Einstellung. Ist sie positiv, haben Sie Selbstvertrauen, die Aufgaben zu meistern, die mit der Verbesserung Ihrer Ausdrucksweise und Ausdrucksfähigkeit einhergehen, werden Sie als ein Gewinner dastehen. Ihr Ausdruck wird niveauvoll, stilistisch einwandfrei und körpersprachlich adäquat sein.

Vergleichen Sie es mit dem Autofahren. Sie steigen in ein Auto, starten den Motor und fahren los. Ihre innere Haltung, das Mindset, ist dabei mit dem Motor gleichzusetzen. Wie den Motor eines Autos kann Ihr Gegenüber die innere Einstellung, die Sie haben, nicht sehen. Dafür aber sieht er Sie als Person, Ihre Handlungen, Ihre Körpersprache und hört Ihre Sprache. Und Sie wissen selbst, was geschieht, wenn der Motor eines Autos nicht so richtig will. Ihre Fahrweise ist holprig und Sie erreichen nicht reibungslos die gewünschte Geschwindigkeit. Dasselbe geschieht, wenn Sie kein Selbstvertrauen in sich haben, und nicht der Gewinner sein wollen. Sicher, Sie können nicht immer gewinnen, aber Sie können versuchen, es so oft wie möglich zu sein. Ein Gespräch erfolgreich zu führen, angefangen beim Small Talk zwischendurch, bis hin zu einem sachlichen Gespräch, ist ein solcher Gewinn. Darüber, was zu diesem Gewinn alles gehört, darüber haben Sie in diesem Buch viel Wissenswertes erfahren.

Mit diesen Informationen in der Hand, ist es Ihnen nun möglich, den nächsten Schritt zu gehen, der darin besteht, Ihren eigenen persönlichen Weg zu gehen und Ihren ganz eigenen Kommunikationsstil zu entwickeln. Scheuen Sie nicht, dabei Ihre Individualität, Ihre Talente und Vorlieben auszuspielen. Vielleicht lieben Sie es ja, Ihren aktiven Wortschatz mit vielen fremdsprachlichen Begriffen anzureichern, vielleicht ja auch den Weg des alten Lateiners zu gehen, der hier und da in Gesprächen einen lateinischen Sinnspruch einbauen kann. Oder aber Sie bevorzugen eine Sprachvariante, wollen Ihr Gegenüber mit lustigen Denglisch-Kreationen zum Lachen bringen und die Kommunikation damit auflockern. All das bleibt Ihnen überlassen auf dem Weg zu Ihrer verbesserten Ausdrucksweise.

Quellennachweise

1. Schulz, Gerhard, „Novalis. Leben und Werk Friedrich von Hardenbergs", Beck, München, 2011.

2. Crystal, David, „Die Cambridge Enzyklopädie der Sprache", Campus, Frankfurt, 1995.

3. Schwaller de Lubicz, R.A. „The Temple of Man", Inner Traditions Bear and Company, 1998.

4. Jung, Carl-Gustav, "Der Mensch und seine Symbole", Patmos, Düsseldorf, 2009.

5. Lyons, John, "Die Sprache", Beck, München, 1992.

6. Trabant, Jürgen," Was ist Sprache?", Beck, München, 2008.

7. Fischer, Steven, Roger, "Eine kleine Geschichte der Sprache", DTV, München, 2004.

8. Voegelin, Charles, F, Voegelin, Florence, M., "Classification and Index of the World Languages", Elsevier, New York, 1977.

9. Roerich, Nicholas, "Trails to Inmost Asia: Five Years of Exploration with the Roerich Central Asian Expedition", Yale University Press, New Haven, 1931.

10. Trabant, Jürgen, "Die Sprache", C.H. Beck bsr Wissen, München, 2009.

11. Klausen, Ernst, "Die Sprachfamilien der Welt, Teil 1: Europa und Asien", H. Buske, 2015.

12. Emoto, Masaru, "Die Botschaft des Wasser – Das Vermächtnis: Das Finale", EchnAton Verlag, 2021.

13. Meggle, Georg, "Grundbegriffe der Kommunikation", DeGruyter, Berlin/New York, 1997.

14. Röhner, Jessica, Schütz, Astrid, "Psychologie der Kommunikation", Springer, 2015.

15. Watzlawick, Paul, Beavin, Janet, H., Jackson, Don, D., "Menschliche Kommunikation – Formen, Störungen, Paradoxien", Hogrefe, Bern, 2017.

16. Ternes, Doris, "Kommunikation – eine Schlüsselqualifikation: Einführung zu wesentlichen Bereichen zwischenmenschlicher Kommunikation", Junfermann Verlag, Paderborn, 2008.

17. Schulz von Thun, Friedemann, "Miteinander reden: Fragen und Antworten", Rowohlt, 2007.

18. Schulz von Thun, Friedemann, "Erfülltes Leben: Ein kleines Modell für eine große Idee", Carl Hanser Verlag, 2021.

19. Khabyuk, Olexiy, "Kommunikationsmodelle: Grundlagen, Anwendungfelder, Grenzen", W. Kohlhammer, 2018.

20. Trabant, Jürgen, "Weltansichten. Wilhelm von Humboldts Sprachprojekt", Verlag C.H. Beck, München, 2012.

21. Förstl, Hand, "Theory of Mind: Neurobiologie und Psychologie sozialen Verhaltens", Berlin 2012.

22. Beyer, Reinhard, Gerlach, Rebekka, "Sprache und Denken (Basiswissen Psychologie), Springer, 2017.

23. Dingman, Marc, „Das Gehirn: Neueste Erkenntnisse der Neurowissenschaften über unser wichtigstes Organ und seine Macken", Riva, 2020.

24. Thompson, Richard, „Das Gehirn: Von der Nervenzelle zur Verhaltenssteuerung", Springer, 2016.

25. Dweck, Carol, „Selbstbild: Wie unser Denken Erfolge oder Niederlagen bewirkt (Growh Mindset)", Piper Taschenbuch, 2017.

26. Ackermann, Erich (Hrsg.), „Dichter und Denker der Antike und ihre bedeutendsten Werke", Anaconda Verlag, 2020.

27. Potreck-Rose, Frederike, Jakob, Gitta, „Selbstzuwendung. Selbstakzeptanz, Selbsvertrauen (Leben Lernen, Bd. 163): Psychotheurapeutische Interventionen zum Aufbau von Selbstwertgefühl", Klett-Cotta, 2016.

28. Dweck, Carol, S., "Mindset: The New Psychology of Success", Ballantine Books, 2007.

29. Nowak, Jasmin, „Selbstbild vs. Fremdbild. Selbst- und Fremdwahrnehmung des Individuums", GRIN Verlag, 2011.

30. Scheurl-Defersdorf, Mechthild, R., „In der Sprache liegt die Kraft: Klar reden, besser leben", Verlag Herder, 2016.

31. Beck, Henning, „Das neue Lernen: heißt Verstehen", Ullstein Hardcover; 2020.

32. Jackson, Howard, „Grammatik und Wortschatz: Ein Ressourcenbuch für Studenten“, Routledge, 2002.

33. Eicher, Hans, „Die verblüffend Macht der Sprache: Was Sie mit Worten auslösen oder verhindern und was Ihr Sprachverhalten verrät“, Springer Gabler, 2015.

34. Coseriu, Eugenio, „Sprachkompetenz: Grundzüge der Theorie des Sprechens (Tübinger Beiträge zur Linguistik)“, Narr Francke Atempto, 2007.

35. Habermas, Jürgen, „Umgangssprache, Wissenschaftssprache, Bildungssprache“. In: „Jahrbuch der Max-Planck-Gesellschaft zur Förderung der Wissenschaften“, 1977.

36. Behaghel, Otto, „Geschichte der deutschen Sprache“, Berlin, 1928.

37. Stangl, W., „Sprachen lernen – aktiver und passiver Wortschatz – Pädagogik-News. Werner Stangls Pädagogik News, 2021.

38. Nölke, Matthias, „Die Sprache der Macht: Wie man sie durchschaut. Wie man sie nutzt“, Haufe, 2019.

39. Auburger, Leopold, „Sprachvarianten und ihr Status in den Sprachsystemen“, Georg Olms, 1993.

40. Böhm, Thomas, Pfeiffer, Carsten, „Die Wunderkammer der Deutschen Sprache: Ein Füllhorn“, Verlag Das Kulturelle Gedächtnis, 2019.

41. Kleinschroth, Robert, „Sprachen lernen: Die Schlüssel zur richtigen Technik“, rororo, 2009.

42. Sieg, Sören, Melzer, Jan, „Come in and burn out: Denglisch. Der Survival-Guide“, dtv Verlagsgesellschaft, 2011.

43. Littger, Peter, „The devil lies in the detail: Lustiges und Lehrreiches über unsere Lieblingsfremdsprache“, KiWi-Taschenbuch, 2015.

44. https://www.deutschunddeutlich.de/contentLD/GD/GSt91nFremdw.pdf

45. Vorpfahl, Elias, „Der Wortschatz“, Buchblatt Verlag, 2018.

46. Trapp, Kerstin, „Wortschatz erweitern: Wie Sie Ihren Wortschatz maximal erweitern und Gesprächspartner mit einer eloquenten Sprache überzeugen“, Bookmundo Direct, 2021.

47. Fürst, David, „Wortschatz für Superhirne: Gehobene Sprache für alle Situationen. Mit diesem Buch verbessern Sie Ihre Ausdrucksweise und haben immer das passende Wort parat“, BrainBook Verlag, 2020.

48. Heidmann, Michael, „Wortschatz erweitern: Wie Sie Ihre Ausdrucksweise maximal verbessern. Erweitern Sie kinderleicht Ihr Vokabular und begeistern Sie mit gehobener Sprache Ihre Gesprächspartner in jeglichen Situationen“, Independently published, 2021.

49. Wunderstadler, Henning, „Ausdrucksweiser verbessern: Artikulation, Argumentieren, Schlagfertigkeit und Sprachkompetenz trainieren, um ausdrucksstark zu kommunizieren. Tipps, Kniffe und Übungen für mehr Sprachgewandtheit“, Independently published, 2021.

50. Gerard Shaw, „Clever mitreden: Wie Sie als introvertierte Person die Kunst des Smalltalks meistern. So entwickeln Sie Ihre soziale Kompetenz und verlieren die Angst, mit neuen Menschen zu sprechen“, Communication Excellence, 2020.

51. Loewenstein, Julius, „Rhetorik/Smalltalk/Schlagfertigkeit/Selbstbewusstsein – Das Große Buch4 in 1 Buch!: Wie Sie die Kunst der Kommunikation, der Körpersprache und selbstbewusstes Auftreten erfolgreich meistern“, Independently published, 2019.

52. Lehmte, Carsten, „Die 10 Goldenen Regeln des Smalltaks: Endlich erfolgreichen Smalltalk halten und ausführliche sowie tiefgründige Gespräche durch gekonnte Rhetorik aufbauen!, Independently published, 2021.

53. Braun, Konrad, „Smalltalk-Profi – Das Große Smalltalk-Buch: Wie Du lernst, authentisch Gespräche zu führen, wie Du Menschen überzeugst und beeinflusst, Freunde gewinnst und so zum unschlagbaren Smalltalk-Profi wirst“, Independently published, 2020

54. Eisenhut, Werner, „Einführung in die antike Rhetorik und ihre Geschichte“, Damstadt, 1994.

55. Hofmeister, R, „Handbuch der Rhetorik“, 2 Bände, Andreas & Andreas, Salzburg, 1990-1993.

56. Sprong, Peter, „Das befreite Wort“, Nicolai Verlag, 2011.

57. Soudry, Rouven (Hrsg.), „Rhetorik – eine interdisziplinäre Einführung“, Heidelberg, 2006.

58. Øivind Andersen, „Im Garten der Rhetorik. Die Kunst der Rede in der Antike“, Darmstadt, 2001.

59. Stroh, Wilfried, „Die Macht der Rede. Eine kleine Geschichtteder Rhetorik im alten Griechenland und Rom“, Berlin, 2009.

60. Plett, Heinrich, F., „Systematische Rhetorik. Konzepte und Analysen“, Uni-Taschenbücher, UTB 2127, Fink, München, 2000.

61. Ueding, Gerd, „Klassische Rhetorik“, C.H. Beck Verlag, 2000.

62. König, Jan, C. L., „Über die Wirkungsmacht der Rede. Strategien politischer Eloquenz in Literatur und Alltag“, Vandenhoeck & Ruprecht unipress, Göttingen, 2011.

63. Bartsch, Tim-Christian, „Trainingsbuch Rhetorik“, UTB GmbH, 2012.

64. Jachtchenko, W., „Weiße Rhetorik“, Goldmann Verlag, 2021.

65. Boghossian, Peter, Lindsay, James, „Die Kunst, schwierige Gespräche zu meistern“, riva, 2020.

66. Krone, Max, „Rhetorik!: Schlagfertigkeit lernen & gekonnt kontern gegen Todschlagargumente, verbale Angriffe & falsche Argumentation“, Independently published, 2020.

67. Lausberg, Heinrich, „Handbuch der literarischen Rhetorik. Eine Grundlegung der Literaturwissenschaft“, Steiner, Stuttgart, 1990.

68. Plett, Heinrich, „Einführung in die rhetorische Textanalyse", Buski, Hamburg, 2001.

69. Ueding, Gerd, Steinbrink, Bernd, „Grundriß der Rhetorik. Geschichte – Technik – Methode. Stuttgart, 2005.

70. Renz, Karl-Christof, „Das 1 x 1 der Präsentation: FürSchule, Studium und Beruf", Springer Gabler, 2016.

71. Neumann, Reiner, „Souverän auftreten: Rhetorik – Präsentation – Argumentation", Carl Hanser Verlag 2009.

72. Training, Dale, C., „Besser sprechen – überzeugend auftreten: Strategien für erfolgreiche Präsentationen, Fischer Scherz, 2012.

73 Training, Dalte, C., „Sich durchsetzen – aber richtig!: 5 Strategienfür mehr Erfolg im Beruf", Fischer Scherz, 2011.

74. Bartsch, Tim-Christian, „Trainingsbuch Rhetorik (UTB M)", UTB, 2012.

75. Molcho, Samy, „Alles über Körpersprache: sich selbst und andere besser verbessern", Mosaik, 2002.

76. Ekman, Paul, „Gefühle lesen: Wie Sie Emotionen erkennen und richtig interpretieren", Springer Edition, 2016.

77. Cuddy, Amy, „Dein Körper spricht für dich: Von innen wirken, überzeugen, ausstrahlen", Mosaik, 2016.

78. Cuddy, Amy, „Presence: Bringing Your Boldest Self to Your Biggest Challenges", Little, Brown Spark, 2018.

79. Molcho, Samy, „Das ABC der Körpersprache", Ariston, 2006.

Anhang 1

Nachstehend Fremdwörter und Fachbegriffe, die meistens Übernahmen aus den Altsprachen sind, aber immer noch bildungssprachlich verwendet werden:

Fremdwort	Bedeutung
Antagonist	Gegner, Widerpart
apathisch	gleichgültig, passiv
arriviert	berühmt, etabliert
autokratisch	selbstherrlich
bacchantisch	tabulos, zügellos
cäsarisch	herrschaftlich, autokratisch
chevaleresk	Ritterlich
Contenance	Auftreten, Fassung
dediziert	energisch
Dekorum	feines Verhalten
delphisch	mehrdeutige Worte
dionysisch	beseligend
empyreisch	gottgleich, himmlisch
enigmatisch	geheimnisvoll mit Rätseln
ephemer	Vergänglichkeit
epikureisch, auch epikurisch	auf das Genießen gerichtet
generös	freigiebig
herostratisch	ruhmsüchtig
heterogen	uneinheitlich
homogen	gleichartig beschaffen

infernalisch	höllisch, teuflisch
kabbalistisch	geheimnisvoll
lethargisch	kraftlos, motivationslos
loyal	treu, ergeben
manieriert	affektiert, gekünstelt
martialisch	kämpferisch
melodramatisch	bühnengerecht, pathetisch
neuralgisch	sehr empfindlich
opulent	verschwenderisch, freigiebig
prädestiniert	vorherbestimmt, berufen
Präzision	Eindeutig und Genauigkeit
Punktualität	Exakt
Querulant	Nörgler
Ratio	Vernunft
Reflexion	starkes Überlegen
sakrosankt	nicht antastbar
saturiert	satt
servil	kriecherisch, demütig
skurril	seltsam, befremdend
Solitär	Alleingänger
stringent	plausibel
subtil	feinsinnig, tückisch
theatralisch	großspurig, extravagant
titanisch	gigantisch
tolerabel	annehmbar
tradiert	traditionell
trivial	gewöhnlich, ausdruckslos
vehement	ungestüm, heftig
versiert	erfahrend, geschickt

Eher negativ behaftete Worte

Fremdwort	**Bedeutung**
Affront	Beleidigung
Agonie	Kampf mit dem Tod
Antagonismus	Gegensatz
antagonistisch	gegenteilig, widerstreitend
Antipathie	Abneigung
Antithese	Gegenteil einer Behauptung
Apathie	Teilnahmslosigkeit
Aversion	Widerwille
banal	alltäglich
brachial	mit Gewalt
Debakel	etwas Unglück
Defätismus	Schwarzseherei
Delinquent	Täter
Desavouierung	Blamage
desolat	trostlos
diabolisch	verteufelt
Diabolos	Teufel
Diffamierung	Verleumdung
diffizil	kompliziert
Diskrepanz	Missverhältnis
Diskrimination	unrechtmäßige Behandlung
Disproportionalität	Missverhältnis
Disput	Schlagabtausch
Dissens	Differenz
Distinktion	Finesse
Exodus	Emigration
exorbitant	beträchtlich, gewaltig

Exzess	Maßlosigkeit
Fauxpas	Fehler
gravierend	schwerwiegend, belastet
impraktikabel	undurchführbar
inadäquat	unangebracht, unpassend
inakzeptabel	unangemessen
Indifferenz	Gleichgültigkeit
indiskutabel	nicht zu erwägen
informell	nicht förmlich, belehrend
Insistenz	Hartnäckig
Invektive	Beleidigung
Kannä	katastrophale Niederlage
Lapsus	Fehler
lemurenhaft	geisterhaft
luziferisch	bösartig, tückisch
Malaise	Unwohlsein, Unbehagen
maliziös	boshaft, tückisch
Manie	Besessenheit
morbid	kränklich, angekränkelt, brüchig
penibel	kleinlich, genau
perfide	durchtrieben, gemein
phantasmagorisch	gespenstisch
prekär	gefährlich, unsicher
prosaisch	fantasielos, begeisterungslos
Provokateur	Unfrieden-Stifter
renitent	gegensätzlich, bockig
Renitenz	Widerspenstigkeit
restriktiv	einschränkend
Rigorosität	Unerbittlich
rudimentär	rückständig, unvollständig

satanisch	teuflisch, diabolisch
Schimäre	Hirngespinst
Suizid	Selbstmord
trist	trostlos, freudlos, grau
Waterloo	Niederlage
zelotisch	fanatisch

Neutrale Worte

Fremdwort	**Bedeutung**
Absenz	nicht vorhandenes
adäquat	entsprechend, folglich
affektiert	unnatürlich, geziert
Akribie	genaue Vorgehensweise
Amüsement	netter Zeitvertreib
Anachronismus	etwas, was nicht mehr zeitgemäß ist
Äon	langer Zeitraum
Aperçu	kluge Bemerkung
Apophthegma	Ausspruch, Sinnspruch
Approximation	Annäherung
Äquilibrium	im Gleichgewicht befindende Dinge
Armageddon	Katastrophe
Arrangement	Abmachung, Übereinkommen
Aspekt	Standpunkt
Aspiration	Streben, etwas erreichen wollen
Assoziation	Gedankenverknüpfung
Attitüde	Lebenseinstellung oder Meinung
Attraktion	Anziehungskraft Anreiz
Autarkie	von Dingen unabhängig
Authentizität	authentisch
Charakteristikum	Merkmale

Contenance	Auftreten, Fassung
definitiv	endgültig, vorbei
Dekorum	veraltet für Schicklichkeit
Dependance	Zweitstelle
designiert	für etwas bestimmt
Destination	Endzweck
Dialog	Gespräch, Konversation
diametral	entgegen
Differenz	Unterschiede
diffus	undurchschaubar
Diktum	geistreicher, bedeutsamer Ausspruch
Diktum	geistreicher Ausspruch
Direktive	Weisung
Diskurs	Aussprache
Divergenz	Abweichungen
Dogma	Doktrin
Doktrin	politische, wirtschaftliche Lehre
Domizil	Wohnstätte
Elementarität	Beschaffenheit
Eloquenz	Wortgewandtheit
essenziell	wesentlich, bedeutungsvoll
evident	offenbar
Exkurs	Abschweifendes
explizit	ausdrücklich, unmissverständlich
Faible	Vorliebe
Fluktuation	Schwankend
Fokus	Mittelpunkt
gigantesk	riesig und von hoher Statur
Heroismus	Heldentum
hesperisch	den Westen betreffend

holotisch	vollständig oder im ganzen Umfang
Hypothese	unbewiesene Unterstellung
ikonisch	bildhaft
illustrativ	erklärend, erläuternd
Imagination	Fantasie
Implikation	eine Sache einbeziehen
Imponderabilie	unberechenbarer Umstand
Indiz	Beweis
initial	anfänglich, starten
Inkonsequenz	fehlende Durchsetzungsfähigkeit
Innuendo	Anspielung
Intervention	Einspruch
Intimität	Vertraut
irrelevant	bedeutungslos
Kalkül	berechnete Handlung
kardinal	hauptsächlich
Kohärenz	zusammenhängende Dinge
komplex	umfassend, zusammenhängend
Komposition	ein von einem Künstler geschaffenes Musikstück
kongenial	gleichrangig
konsistent	beständig, widerspruchsfrei
konsterniert	bestürzt, baff
Kontemplation	inneres Einkehren
Kontext	Zusammenhang
konträr	entgegengesetzt, abstechend
Kontroverse	gegensätzliche Ansichten
Konvergenz	sich näherkommende Dinge
Konversation	Gespräch, Kommunikation
Kosmos	Universum

Krux	wunder Punkt
kurios	merkwürdig, komisch
lapidar	kurzerhand, kurz und bündig
Lapsus Linguae	Versprecher
Lethargie	physische Trägheit
marginal	geringfügig, am Rande
Maxime	Grundsatz
medioker	Mittelmaß
Mission	Auftrag
Modifikation	Abwandlung
Modifizierung	Anpassung
Modus	Art und Weise
nebulös	verschwommen, unklar
Nepotismus	Vetternwirtschaft
Neutrum	Lebensform Geschlechtlos
Nimbus	Ruhm
normativ	eine Norm fixieren
Novum	vollkommen Neu
obligatorisch	bindend, vorgeschrieben
Obskurität	unersichtliche Sache
obsolet	überflüssig, unüblich
Odium	schaler Beigeschmack, Anrüchigkeit
Okzident	Westen
omnipotent	übermächtig
Operation	Handlung, Eingriff
orphisch	geheimnisvoll
Paradigma	Muster, Exempel
Paradox	etwas, das eigentlich unmöglich
Pasquill	Schmähschrift, anonym verfasst
Pendant	Gegenstück

Perseveranz	Ausdauer, Beständigkeit
Phantasmagorie	Täuschung
Phase	zeitlicher Abschnitt
Phlegma	Unerschütterlich
pointiert	gezielt
Postulat	Anspruch, Gebot
Potenzial	Möglichkeiten
Präferenz	Vorzug, Neigung
prägnant	knapp dargestellt
Prämisse	Gedanken Vorgabe
Präpotenz	Übermächtigkeit
präsent	anwesend, da
Präsenz	Anwesenheit
Präsumtion	Annahme, Vermutung
Prätendent	Anwärter für ein Amt
prätentiös	etwas sein
Prävalenz	Überlegenheit, Vorherrschaft
Provisorium	Vorläufiges
pythisch	rätselhaft
redundant	überflüssig, gleich
Regulativ	Vorschrift
Relation	Verhältnis
Relevanz	Gewichtung
Ressentiment	gefühlsmäßiger Vorbehalt
Retrospektive	Rückschau
Revenant	Gespenst
Segment	Ausschnitt
Sentenz	Äußerung
Servilität	Unterwürfig
Signifikanz	Bedeutsamkeit

Spektrum	Bandbreite
Stimulus	Anreiz
Stoizismus	ruhige Lebenseinstellung
Suada	Schwall von Worten
subsidiär	behelfend
substanziell	hintergründig, schwerwiegend
Supposition	Annahme
Symptom	Anzeichen
Temperenz	sein Verhalten abmildern
Tirade	Wortschwall
Transzendenz	abseits jeder Erfahrung
Usance	Gebrauch, Usus
Vabanquespiel	Glücksspiel
vakant	leer, unbesetzt
Variante	etwas in abgewandelter Form
Virtualität	das einer Sache enthaltende Potenzial
Vita	Lebenslauf
Votum	Abstimmung
Zivilität	Höflichkeit

Eher positiv behaftete Worte

Fremdwort	**Bedeutung**
agil	aktiv, wendig
akribisch	mit größtem Augenmerk
differenziert	bis ins Einzelne gegliedert
diskutabel	annehmbar
distinguiert	sehr vornehm
effektiv	gewiss
elanvoll	sehr schwungvoll

effizient	mit wenig Aufwand einiges bewirken
eloquent	wortreich, redegewandt
eminent	außerordentlich, außergewöhnlich
fulminant	hervorragend
expressiv	ausdrucksvoll, ausdrucksstark
kontinuierlich	ununterbrochen, immerzu
legitim	legal, erlaubt
lukrativ	lohnend, gewinnbringend
opportun	vorteilhaft, angebracht
pekuniär	finanziell, lohnend
pittoresk	idyllisch, malerisch
relevant	bedeutsam, wesentlich
renommiert	angesehen, bekannt
respektabel	Respektieren
superb	ausgezeichnet, glänzend
Aphorismus	Sinnspruch
Elan	Schwung
Euphemismus	verhüllende Umschreibung
Impetus	Anreiz
Konfident	Vertrauensmensch
Konsens	Übereinstimmung
Renommee	guter Ruf, Leumund
Agilität	Lebhaftigkeit
Ambition	Ehrgeiz
Ambivalenz	Doppelsinnigkeit
Analyse	Untersuchung
Dedikation	Schenkung
Dezenz	Unaufdringlichkeit
Dignität	Würde
Dualität	Zwei Dinge

Euphorie	Begeisterung
Exkulpation	von einer Schuld befreit werden
Familiarität	vertrauliches Verhalten Familie
Fiktion	Idee
Fortune	Erfolg
Gravität	Ansehen
Innovation	Erneuerung
Integration	Eingliederung
Inspiration	großartige Idee
Kohäsion	Zusammenhalt
Konzilianz	Entgegenkommen
Kreativität	Schöpfungskraft
Lakonie	einfache Ausdrucksweise
Reputation	Achtung, Ehre
Heroentum	Heldentum
Momentum	geeigneter Zeitpunkt
Pathos	leidenschaftlicher Gefühlsausdruck
Renommee	guter Leumund
Repertoire	Möglichkeiten die zur Verfügung stehen
Sensibilismus	Empfindlichkeit
Sentiment	Empfindung
äsopisch	humorvoll
aristophanisch	geistreich, spöttisch
karnevalesk	spaßig und humorvoll
magnifik	herausragend, großartig
seraphisch	engelsgleich

Anhang 2

Beispiele einiger Wörter lateinischen Ursprungs, die heute vor allem als Nomen verwendet werden:

Lateinisch	Deutsch	Verwendung
adoptio	Adoption	Adoption
alius	ein anderer	alias (auch bekannt als), oder English: Alien
amare	lieben	Amor
Annus	Jahr	Anno (seltener Wortgebrauch für Jahr)
aqua	Wasser	Aquarium
audire	hören	Audio
bonus	gut	Bonus, Zusatz
caput	Kopf	Kapuze
casus	Fall	Englisch: case
civis	Bürger	Zivilist
consulere	beratschlagen	Konsulat, oder Englisch: Consultant
corpus	Körper	Körper
curare	kümmern	Kurator
cursus	Lauf	Kurs
dicere	sprechen	Diktat
domus	Haus	Dom
factum	Tatsache	Fakt

filius	Sohn	Filius (seltener Wortgebrauch für Sohn)
gaudere	sich freuen	Gaudi
homo	Mensch	Homo Sapiens (Mensch)
iustus	gerecht	Judikatur
locus	Ort, Stelle	Lokal
magnus	groß	Magnat
mandare	anvertrauen	Mandat (Auftrag)
memoria	Gedächtnis	Englisch: Memory
miles	Soldat	Militär
res publica	Staat	Republik
terra	Land	Terrarium
Vox	Stimme	Vokal

Beispiele einiger Wörter lateinischen Ursprungs, die heute vor allem als Adjektiv oder Adverb verwendet werden:

Lateinisch	**Deutsch**	**Verwendung**
agere	bewegen	agil
causa	Ursache, Anlass	kausal
clarus	hell, leuchtend, glänzend	klar
defendere	verteidigen	defensiv
difficilis	schwierig	diffizil, oder English: difficult
firmus	stark, fest	English: firm
fortuna	Glück, Schicksal	Englisch: fortunately, glücklicherweise
intellegere	erkennen	intelligent
lex	Gesetz	legal
longus	lang	lang

manus	Hand	manuell
nobilis	vornehm	nobel
pars	Teil	partiell (teilweise)
populus	Volk	populär, oder Englisch: Population (Bevölkerung)
primus	der erste, der vorderste	primär
ratio	Rechnung, Berechnung	rational
socius	Gefährte, Verbündeter	sozial
tempus	Zeitspanne	temporär (befristet)
vulnus	Wunde	Englisch: vulnerable

Beispiele einiger Wörter lateinischen Ursprungs, die heute vor allem als Verben verwendet werden:

Lateinisch	**Deutsch**	**Verwendung**
capere	ergreifen	kapern
habere	haben, halten	haben
rex	König	regieren

Anhang 3

Die folgenden Redewendungen wurden so gut wie möglich der originären Herkunft zugeordnet.

Alkaios von Lesbos

In vino veritas.	Im Wein liegt die Wahrheit.

Appius Claudius Caecus

Faber est suae quisque fortunae.	Jeder ist seiner Glückseligkeit Schmied.

Augustinos von Hippo

Ama et fac quod vis.	Liebe und mache, was du möchtest.

Bibelvers aus Römer 8:31

Si deus pro nobis, quis contra nos?	Wenn Gott für uns ist, wer ist dann gegen uns?

Gaius Julius Caesar

Veni vidi vici.	Ich kam, ich sah, ich eroberte.
Alea iacta est.	Es ist entschieden.

Flavius Tribonianus

In flagranti.	Während der Tat.

Kaiser Leopold II. Von Habsburg

Aequis aequus.	Den Rechten recht.

Kaiser Severus Alexander

Quod tibi fieri non vis, alteri ne feceris.	Was du nicht willst, das dir angetan wird, das füge niemandem anderen zu.

Lucius Annaeus Seneca

Licentia poetica.	Freiheit der Dichtkunst.
Vivere est militare.	Leben heißt kämpfen.
Docendo discimus.	Wir lernen durch Lehren.

Cicero

Suum cuique.	Jedem das Seine.
Male parta, male dilabuntur.	Unrecht Gut gedeiht nicht.
Amicus certus in re incerta cernitur.	Ein Freund in der Not ist ein wirklicher Freund.
Dum spiro spero.	Solange ich atme, hoffe ich.
Magnum vectigal est parsimonia.	Die Sparsamkeit ist eine gute Einnahmequelle.
Omne animal se ipse diligit.	Jedes lebende Wesen liebt sich selbst.

Benediktiner-Orden

Ora et labora.	Betet und arbeitet.

Pabst Martin IV.

Ergo bibamus!	Deshalb trinken wir!

Publilius Syrus

Dies diem docet.	Jeder Tag gibt neue Lehren.
Malum est consilium, quod mutari non potest!	Es ist eine schlechte Entscheidung, die nicht geändert werden kann!

Publius Cornelius Tacticus

Prudentia potentia est.	Klugheit ist eine Macht.
Exercitatio artem parat.	Geübtheit führt zu Kunstfertigkeit.
Praevalent inlicita.	Einen besonderen Reiz hat das, was verboten ist.

Publius Ovidius Naso

Fas est et ab hoste doceri.	Erlaubt ist es, sich auch vom Feinde belehren zu lassen.

Publius Terentius Afer

Amantes amentes.	Liebende sind Wahnsinnige.
Amantium irae amoris integratio!	Streit der Liebenden erneuert die Liebe!

Quintus Horatius Flaccus

Summa summarum.	Insgesamt; unter dem Strich.
Carpe diem.	Nutze den Tag.

Eheu, fucaces labuntur anni!	O weh, die Jahre gehen im Flug dahin!
Nunc est bibendum.	Jetzt ist die Zeit zum Trinken.

Rene Descartes

Cogito ergo sum.	Ich denke, also bin ich.

Seneca

Non vitae, sed scholae discimus	Nicht für das Leben, sondern für die Schule lernen wir.
De brevitate vitae	Das Leben ist kurz
Errare humanum est.	Sich zu irren, ist menschlich.

Titus Maccius Platus

Nomen est omen.	Der Name ist ein Omen.
Quem dei diligunt, adulescens moritur!	Jung stirbt, wen die Götter lieben!

Unbekannt

Tabula rasa	Reinen Tisch machen (symbolische Redewendung für: „von etwas Altem lösen und einen Neuanfang starten“).
Ad acta.	Ablegen; zu den Akten legen.
Status quo.	Gegenwärtiger Zustand.
Modus operandi.	Art der Durchführung.
Corpus Delicti.	Beweisstück bei einem Verbrechen.

Requiescat in pace (kurz: RIP).	Möge er/sie in Frieden ruhen.
Anno Domini.	Im Jahre des Herrn.
De facto.	In der Tat.
Curriculum Vitae	Lebenslauf.
In medias res.	Mitten in die Dinge hinein.
Omne initium difficile est.	Aller Anfang ist schwierig.
Horas non numero nisi serenas.	Ich zähle nicht die Stunden, wenn sie nicht heiter sind.
Caritas omnia potest.	Liebe kann alles.
Amor est parens multarum voluptatum.	Liebe ist die Erzeugerin zahlreicher Freuden.
Ad hoc.	Zur Sache passend; hierfür.
Nolens volens.	Notgedrungen.
Nota bene.	Übrigens.
Vice versa.	Und umgekehrt.
Pars pro toto.	Ein Teil für das Ganze.
Totum pro parte.	Alles für einen Teil.
Qui audet adipiscitur!	Wer etwas wagt, der gewinnt!
A priori.	Zuerst.
Cave canem!	Hüte dich vor dem Hund!
Expressis verbis.	Ausdrücklich.
Cessante causa cessat effectus.	Wenn die Ursache aufhört, hört auch die Wirkung auf.
Etiam tacere est respondere.	Auch schweigen ist antworten.
Barba decet virum.	Der Bart ziert den Mann.
Nihil fit sine causa.	Nichts passiert grundlos.
Amor est pretiosior auro.	Liebe ist wertvoller als Gold.
Carpe noctem.	Nutze die Nacht.

Anhang 4

Nachstehend eine Auswahl nützlicher und gebräuchlicher englischer Wörter:

Nomen

Englisch	Deutsch
airport	Flughafen
amusement	Unterhaltung, Vergnügen
bear	Bär
belly	Wanst, Bauch
bellybutton	Nabel
bobby pin	Haarklemme
book	Buch
bumblebee	Hummel
bunny	Hase
burger	Burger
butterfly	Falter, Schmetterling
butterlfy	Falter, Schmetterling
castel	Burg, Schloss
casting	Besetzung, Gießen
catering	Verpflegung
cheerio!	Servus!, Tschüss!
cheers!	Prost!, Beifall!
circle	Kreis
confidence	Zuversicht, Vertrauen

curiosity	Neugierde
curse	Verwünschung, Fluch
dedication	Widmung
dog	Hund
doll	Puppe
doom	Schicksal, Untergang
dragonfly	Libelle
dude	Alter, Kumpel
echo	Widerhall
faith	Vertrauen, Glaube
fiancé	Verlobte
firefly	Glühwürmchen
flower	Blüte, Blume
foot	Fuß
freedom	Unabhängigkeit, Freiheit
friday	Freitag
funeral	Bestattung, Beerdigung
gate	Tor
gemini	Zwillinge
haircut	Haarschnitt
harmony	Einklang, Harmonie
honeymoon	Hochzeitsreise, Flitterwochen
hope	Hoffnung
innocence	Harmlosigkeit, Unschuld
iron maiden	Eiserne Jungfrau
justice	Justiz, Gerechtigkeit
key	Schlüssel
kiss	Kuss
lullaby	Wiegenlied
map	Karte

melody	Melodie
muffin	Törtchen, Muffin
neverland	Nimmerland
nightmare	Albtraum
noodles	Nudeln
oblivion	Vergessenheit
occasion	Gelegenheit, Anlass
ocean	Meer, Ozean
origin	Herkunft, Ursprung
passion	Leidenschaft, Hingabe
peace	Frieden
performance	Leistung, Aufführung
pillow	Kopfkissen
player	Spieler
pleasure	Freude, Vergnügen
rainbow	Regenbogen
reality	Realität, Wahrheit
renegade	Überläufer, Abtrünnige
resurrection	Auferstehung
reveal	Enthüllung
rock	Felsen
salvation	Rettung, Erlösung
satisfaction	Befriedigung, Zufriedenheit
serendipity	Spürsinn, glücklicher Zufall
show	Aufführung
singer	Sänger
soul	Seele
spider	Spinne
strawberry	Erdbeere
sun	Sonne

sunlight	Sonne, Sonnenlicht
sweetheart	Schatz, Liebste
tape	Band, Klebeband, Tonband
teddy-bear	Kuschelbär, Stofftier
tiptoe	Zehenspitze
topsy-turvy	auf den Kopf stellen, Durcheinander
truth	Wirklichkeit, Wahrheit
tummy	Magen, Bauch
umbrella	Schirm
wizard	Hexenmeister, Magier
wonderland	Wunderland, Märchenland
yay!	Yay!, Juhu!
yellow	Geld
zeal	Beflissenheit, Eifer
zipper	Reißverschluss

Adjekte, Verben und sonstige Wortarten

Englisch	**Deutsch**
adorable	hinreißend
adorable	bezaubernd
always	immer, ständig
amazing	toll, einmalig
assume	annehmen, davon ausgehen
awesome	super, genial
barely	knapp, kaum
basically	im Grunde, grundsätzlich
beautiful	schön
cancel	aufheben, abbrechen

casual	leger, lässig
charming	reizend, charmant
chat	plaudern
cherish	hegen, wertschätzen
colorful	bunt
crucial	entscheidend, bedeutend
cute	nett, niedlich
damn	verflucht, verdammt
delicious	köstlich, lecker
disgusting	widerlich
djoyful	fröhlich
envious	neidisch
fantastic	toll, fantastisch
forever	immer, ewig
gorgeous	prächtig, herrlich
great	toll, großartig
hide	verbergen, verstecken
incredible	unglaubhaft, unglaublich
indeed	tatsächlich
jealous	eifersüchtig, neidisch
legendary	sagenhaft, legendär
literally	buchstäblich
lovely	reizend, schön
marvelous	wunderbar, fabelhaft
nice	schön, nett
notorious	verrufen, berüchtigt
obey	befolgen, gehorchen
recently	kürzlich
release	freigeben
remain	verbleiben, bleiben

ridiculous	albern, lächerlich
sacrifice	opfern, Verzicht
soothing	wohltuend, beruhigend
spicy	scharf, würzig
suspicious	argwöhnisch, misstrauisch
sweet	lieb, süß
thrilled	begeistert
true	wirklich, wahr
unfortunately	unglücklicherweise, leider
vigorously	energisch, kraftvoll
weird	unheimlich, seltsam
whisper	tuscheln, flüstern
without	ohne
yummy	toll, lecker

Auflösung Quiz

Date – Termin
dutyfree – steuerfrei
Key – Schlüssel
Bear – Bär
Display – Bildschirm
Face – Gesicht
Exit – Ausgang
Dog – Hund
Map – Karte
Deal – Vereinbarung
Container – Tonne
Sun – Sonne
Bunny – Hase
Flowers – Blumen
Dressing – Salatsoße
Crew – Besatzung
Cornflakes – Cerealien
Cockpit – Pilotenkanzel
Chicken – Huhn
Crash – Unfall
Clip – Heftklammer
Cartoon – Zeichentrick
Basics – Grundausstattung
Bodyguard – Behüter
Boom – Aufschwung
Bestseller – gut verkauftes Produkt

Airbag – mit Luft gefülltes Kissen
Crack – Meister
Ruler – Lineal
Entertainer – Unterhaltungskünstler
Doping – Wachmacher
Answer – Antwort
Castle – Schloss, Burg
downloaden – herunterladen
Reality – Echtzeit, Wahrheit
Clan – Familienkreis
Copyright – Eigentumsrecht
Event – Veranstaltung
Design – Aussehen
Discount – Vergünstigung
Countdown – Zählvorgang
Cyberspace – virtueller Raum
chatten – unterhalten
clever – gewitzt
Cover – Titelseite
Campus – Unigelände
booten – hochfahren
Break – Pause
Brunch – zweites Frühstück
Background – Kulisse
ausgepowert – kraftlos

Printed in Poland
by Amazon Fulfillment
Poland Sp. z o.o., Wrocław

19366519R00110